班组长
成本管理知识

刘姝媛　编著

"理论+方法+工具+模板"四位一体

·向班组长提供·
成本管理技能提升方案

中国劳动社会保障出版社

图书在版编目(CIP)数据

班组长成本管理知识/刘姝媛编著. —北京：中国劳动社会保障出版社，2013

班组长职业能力提升系列丛书

ISBN 978-7-5167-0167-6

Ⅰ.①班…　Ⅱ.①刘…　Ⅲ.①班组管理-成本管理　Ⅳ.①F406.6

中国版本图书馆CIP数据核字(2013)第016059号

中国劳动社会保障出版社出版发行

（北京市惠新东街1号　邮政编码：100029）

出 版 人：张梦欣

*

北京金明盛印刷有限公司印刷　新华书店经销

880毫米×1230毫米　32开本　6.875印张　180千字

2013年1月第1版　　2013年1月第1次印刷

定价：20.00元

读者服务部电话：（010）64929211/64921644/84643933

发行部电话：（010）64961894

出版社网址：http://www.class.com.cn

"班组长职业能力提升系列丛书" 序言

班组长是企业生产管理的直接指挥者和现场组织者，是企业与生产员工主要的沟通桥梁，也是企业最基层的负责人。班组长管理水平的高低直接影响班组的效率和士气，从而影响企业产品的生产进度、质量以及生产安全等。

相信不少班组长在工作的过程中都遇到过以下几大类问题：有计划无调度、紧急订单生产无秩序、生产线不均衡、现场管理混乱、工艺准备不充分、防呆措施不充分、设备维护不到位、生产效率低下、质量问题层出不穷……

"班组长职业能力提升系列丛书"力图为企业及生产一线的班组长解决上述困扰，全面阐述班组管理的实用知识与技巧，并提供了"拿来即用"的制度、方案、表单等工具，以帮助企业打造一支高士气、高效率、零缺陷、低损耗的班组。

本系列丛书具有以下三大优势。

一、知识体系健全

在生产现场，班组长的主要任务是交货期管理 D（Delivery）、成本管理 C（Cost）、质量管理 Q（Quality）、设备管理 M（Machine）、安全管理 S（Safety）、班组员工与劳务管理 H（Human）。"班组长职业能力提升系列丛书"按照这一体系进行分册编写，全面阐述了班组长管理基础知识、现场管理知识、安全管理知识、成本管理知识、质量控制知识、设备管理知识等，书的内容针对性强，适合开展班组长专题培训时使用。

二、突出行业班组的特殊性

在不同的行业中，班组长的工作方式、工作重点差别很大。因此，专业化、行业化的班组图书才能更好地适应不同行业班组的真正需要。“班组长职业能力提升系列丛书”根据这一需求，特别针对冶金、电力等特殊行业的班组安全管理，单独重点编写，有利于特殊行业的班组借鉴使用。

三、理论方法与实战工具相结合

“班组长职业能力提升系列丛书”突破了以前单品种班组长培训图书只讲理论方法的局限性，将理论知识与班组长的工作实践相结合，在阐述班组管理理论知识与方法的同时，还提供了大量的制度、方案、案例、表单等工具模板，真正做到了实际、实用，不仅有利于班组长建立健全自身的知识体系，还可以在实际工作中“拿来即用”或“稍改即用”。

所以，本系列丛书既可以作为企业实施生产班组管理的指导手册，也可以作为班组长进行自我培训的指导用书。

前 言

“班组长职业能力提升系列丛书”第一批共推出8本，《班组长成本管理知识》是其中的一本。成本管理是企业生产过程中各项成本核算、成本分析、成本决策和成本控制等一系列科学管理行为的总称，具体包括成本预测、成本决策、成本计划、成本核算、成本控制、成本分析、成本考核等具体工作事项。

本书围绕生产现场成本来源，详细叙述了班组长在现场成本管理中会用到的管理知识、方法与实用工具。全书具有以下三大特点。

一、内容全面实用

本书内容主要包括物料成本控制、采购成本控制、质量成本控制、设备成本控制、库存成本控制、人员成本控制、管理费用控制、成本意识与习惯培养8大事项，并针对现场成本的分析、控制、改善给出了相应的实用工具与对策。

二、图文并茂便于阅读

本书集结了作者多年在企业指导、咨询过程中实际运用的资料和工具，其最大的特点就是以图文并茂的形式，将理论与实践密切结合，既生动地介绍了生产现场成本管理的相关理论，又将与生产一线成本管理紧密相关的案例、经验介绍给读者。

三、实战工具便于使用

本书中给出的图表、制度、方案、案例、工具大部分都是在作者生产现场实际经过演练和操作的，所以读者只需根据本企业的实际稍加改动或“拿来即用”，就可以让它们在生产现场的成本管理工作中发挥作用。

在本书编写的过程中，孙立宏、孙宗坤、杨扬、程富建负责资料的收集和整理，赵帅、董芳芳、任玉珍、李苏洋、邱志跃负责图表的编排，王德敏负责编写了本书的第1章，王淑敏负责编写了本书的第2章，刘伟负责编写了本书的第3章，韦建华负责编写了本书的第4章，张瀛负责编写了本书的第5章，程淑丽负责编写了本书的第6章，杨茜负责编写了本书的第7章，陈婉莹负责编写了本书的第8章，王凯辉负责编写了本书的第9章，全书由刘姝媛统撰定稿。

准正锐质生产管理咨询中心

2012年12月

内容提要

这是一本关于企业实施生产班组成本管理的指导手册，是班组长控制生产成本、提升现场效益的指导用书。

本书从企业生产现场成本管理的实际出发，详细阐述了物料成本控制、采购成本控制、质量成本控制、设备成本控制、库存成本控制、人员成本控制、管理费用控制、成本意识与习惯培养8大事项，并针对现场成本的分析、控制、改善给出相应的实用工具与对策，理论性、实操性二者兼具。

本书适合企业生产部管理人员、人力资源部或培训部人员、生产现场管理人员（班组长、线长、拉长、工段长等）以及生产管理领域的人员研究、阅读和使用。

CONTENTS 目录

第1章　班组成本管理与控制

1.1　班组成本管理内容

1.1.1　班组成本与费用

成本管理是企业管理战略的重要组成部分，赢得成本节约的战争就赢得竞争先机，必须让广大企业和班组员工认识到节约成本的重要性。成本管理要求班组长能够区分班组成本与费用。

1. 班组成本

班组成本是在班组中生产产品所直接发生的材料、工资和其他费用支出。它是计算车间成本的基础。加强班组成本的核算与管理，可以激发员工精打细算，挖掘潜力，厉行节约，杜绝浪费，降低生产成本。

（1）成本的特征。加强班组成本管理，必须了解成本的特征。成本的主要特征有3点，具体如图1—1所示。

图1—1　成本的特征

（2）成本的构成。要想制定合理的班组成本控制措施，降低或控制生产成本，必须了解班组成本的构成。班组成本与班组所发生的其他费用的主要区别在于两者的会计处理方式不同——成本直接计入产品成本中，而不计入企业的当期费用。因此班组成本主要由直接材料成本、直接人工成本、制造费用 3 大部分构成，如图 1—2 所示。

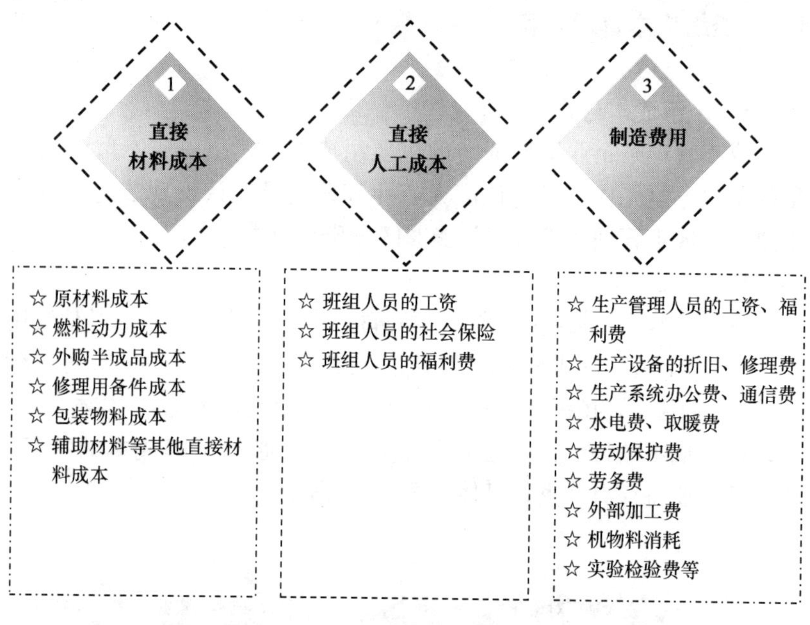

图 1—2　班组成本构成示例

2. 班组费用

班组费用是指班组在生产活动及日常运营活动中发生的、会导致所有者权益减少的、与向所有者分配利润无关的经济利益的总流出。

（1）费用的特征。控制班组费用必须意识到费用与成本的区别。区分费用与成本，必须了解费用的特征。费用的主要特征有 3 点，具体如图 1—3 所示。

图 1—3　费用的特征

（2）班组费用的构成。控制班组费用必须了解班组费用的构成。从费用发生的原因来说，班组费用主要由 6 大部分构成，具体如图 1—4 所示。

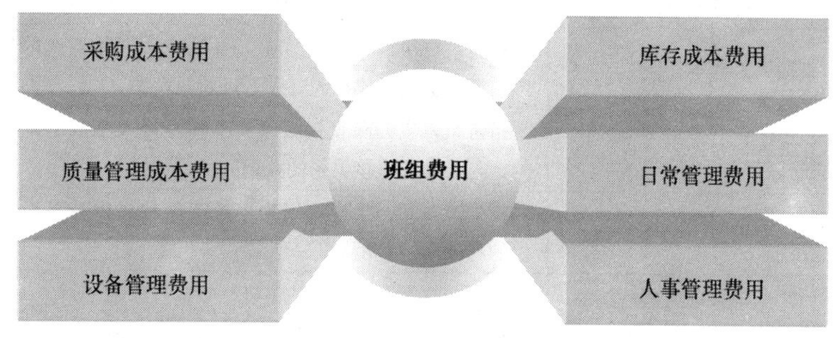

图 1—4　班组费用的构成

1.1.2　班组成本构成分析

班组成本是生产班组为生产产品或提供劳务而发生的各项生产费用，包括在生产过程中实际消耗的直接材料成本、直接人工成本、其他直接费用和制造费用。其具体构成见表1—1。

表1—1　　班组成本构成明细项目一览表

项目	说明
1. 直接材料成本	指班组在生产产品过程中所消耗的、直接用于产品生产并构成产品实体的原料及主要原材料、燃料和动力、包装物、外购半成品、修理用备件（备品配件）和其他直接材料
（1）原材料	指班组为生产产品而耗用的从外部购入的原料及主要材料
（2）燃料	指班组为生产产品而耗用的从外部购入的燃料，包括汽油、煤、柴油等
（3）动力	指班组为生产产品而耗用的从外部购入的动力，如热力、电力和蒸汽等
（4）包装物	指用于包装本班组产品的各种包装容器，如桶、箱、瓶、坛、筐、袋等
（5）外购半成品	指班组为生产产品而耗用的从外部购入的各种半成品
（6）修理用备件	指班组为生产产品而耗用的有关配品和配件
（7）其他直接材料	指班组为生产产品而耗用的辅助材料及其他直接材料
2. 直接人工成本	指班组在生产产品过程中，直接从事产品生产的员工工资、奖金、津贴和补贴，以及福利费
3. 其他直接费用	指班组发生的除直接材料成本和直接人工成本以外的，与产品有直接关系的费用
4. 制造费用	指生产车间、生产班组为生产产品和提供劳务而发生的各项间接费用
（1）生产管理人员薪酬	指生产车间管理人员的工资、奖金、津贴
（2）管理人员福利费	指企业为生产车间管理人员提供的福利费
（3）折旧费	指生产车间根据应计提折旧的固定资产原值和规定折旧率计提的资产折旧费，包括生产车间的厂房、建筑物、管理用房屋和设备的折旧费
（4）修理费	指生产车间为修理房屋、固定资产和低值易耗品等资产所支付的费用

续表

项目	说明
(5) 经营租赁费	指生产车间租用办公用房、生产用房、机械设备、低值易耗品等所支付的租赁费用和土地租赁费用
(6) 保险费	指生产车间当年支付的房屋、设备等财产的保险费
(7) 取暖费	指生产车间当年支付的取暖费
(8) 运输费	指生产车间在生产或销售产品过程中进行运输活动所支付的、不能进入原材料成本的运输费
(9) 劳动保护费	指生产车间为职工配备的工作服、手套、安全保护用品、防暑降温用品等所发生的支出和高温、高空、有害工作的保健津贴、洗理费等
(10) 低值易耗品摊销	指生产车间所使用的低值易耗品的摊销费，包括家具备品、计量工具、小型工具等费用
(11) 水电费	指生产车间支付的用于外购的水费和电费
(12) 机物料消耗	指生产车间实际发生的机物料消耗
(13) 办公费	指生产车间发生的各项办公经费支出
(14) 劳务费	指生产车间支付给临时生产人员的，且未包括在直接人工成本中的劳务费用
(15) 通信费	指生产车间用于通信方面的费用，如固定电话、移动电话、网络等费用
(16) 其他制造费用	指企业在报告期发生的除上述制造费用以外的所有制造费用

备注：企业在统计、核算上述各项费用时，统计口径、核算方法应保证统一。

1.1.3　班组成本管理体系

班组成本管理工作应从班组生产管理系统、班组成本管理制度、班组成本控制方法、班组成本核算方法等方面入手，构建完善的班组成本管理体系，具体如图1—5所示。

1.1.4　成本管理工作内容

在班组成本管理过程中企业需做到开源节流，班组要做到控制浪费和降低成本，班组长需做到掌握基础、监督行为、指导方法、管理改善这4项工作。具体班组成本管理工作内容见表1—2。

班组生产管理系统

◎ 包括五大基本因素：班组是管理控制的主体，操作单元是管理控制的客体，生产运行质量、产品加工质量、操作成本是管理控制的对象
◎ 提高生产工艺技术是班组生产管理系统的技术基础
◎ 班组生产过程中成本费用的动态控制工程是五大基本因素相互作用的过程

班组成本管理制度

◎ 班组成本管理系统与管理机制，如班长、操作工和车间核算员岗位的成本管理责权和义务
◎ 班组成本对象、具体项目，原始数据的采集记录方法，主要成本控制节点和控制方法
◎ 班组成本考核方法和奖惩的规定

班组成本控制方法

◎ 操作单元的控制与分析的方法、班组成本控制的方法
◎ 成本控制结点分析表格式的设计

班组成本核算方法

◎ 班组成本核算的原则、班组成本核算的内容
◎ 班组成本核算的程序、班组成本统计账簿格式的设计

班组成本分析方法

◎ 班组成本分析程序、班组成本分析表格式的设计、班组成本分析报告的基本格式

班组成本考核方法

◎ 班组成本考核的指标及计算方法、班组成本控制业绩评价考核方法
◎ 班组成本考核的指标权重系数的调整，以及成本差异调查、奖励与惩罚

图 1—5　班组成本管理体系

表 1—2　　班组成本管理内容

两个方向	四项工作	班组长管理内容
控制浪费	掌握基础	1. 了解成本的概念 2. 了解企业产品的成本构成 3. 掌握班组的成本构成重点

续表

两个方向	四项工作	班组长管理内容
控制浪费	监督行为	1. 具备发现浪费的能力，掌握班组常见的浪费现象 2. 了解浪费与企业、班组及个人的关系
	指导方法	1. 指导直接材料的收发存及异常处理 2. 指导班组常用制造费用的业务处理 3. 掌握日常表格、表单填写 4. 掌握班组各项基础成本工作方法
降低成本	管理改善	1. 掌握改善的途径 2. 了解改善的内容和方向 3. 掌握一定的改善方法，并带领和指导班组员工实施改善

1.2　班组成本控制方法

1.2.1　班组成本控制角度

班组成本控制，是班组根据一定时期预先建立的班组成本管理目标，由班组长在其职权范围内，在生产耗费发生以前和成本控制过程中，对各种影响成本的因素和条件采取的一系列预防和调节措施，以保证班组成本管理目标实现的管理行为。

1. 根据成本构成划分

班组长根据班组成本的构成，可从直接材料成本控制、人工成本控制、制造费用控制这 3 个角度开展班组成本控制工作，具体见表 1—3。

表 1—3　　　　根据成本构成划分的控制角度

序号	控制角度	具体项目	具体控制措施
1	直接材料成本控制	原材料、零部件等	1. 严格执行物料需求计划 2. 加强物料的退补料管理 3. 减少物料损耗，防止物料浪费

续表

序号	控制角度	具体项目	具体控制措施
2	人工成本控制	工资、奖金、其他福利等	1. 严格按照工艺路线进行生产 2. 通过实施标准工时提高工作效率 3. 完善工时记录、监督 4. 推行计件工资制，降低单位人工成本
3	制造费用控制	1. 变动费用（机物料消耗、工具消耗、废品损失等） 2. 固定费用（劳动保护费、办公费、办公维修费、设备维修费、差旅费等）	1. 准确测算并有效提高机器设备利用率 2. 及时维护机器设备，降低折旧费用 3. 通过实施标准化操作降低水电费用的支出 4. 通过推行节约减损技巧降低水电消耗

2. 根据控制主体划分

根据控制主体划分，班组成本控制工作可从自我控制及对外控制这两个角度开展，具体如图 1—6 所示。

图 1—6　根据控制主体划分的控制角度

1.2.2　成本控制的着手点

为了使成本控制工作能抓住重点、节约成本、取得实效，达到成本控制的目标，班组成本控制一般从以下 6 个方面着手。

1. 从成本中占比例高的方面着手

为使成本控制更能抓住重点，使投入的财力、人力、物力能得到更好的回报，班组成本控制应从成本中占比例高的方面着手，以最少的投入达到最好的效果。这样做具体的原因及分析过程如图 1—7 所示。

1 原因	2 分析	3 结论
⊙ 控制成本应当是要控制产品的全部成本，从成本生产全过程、全方位来控制成本，但如果控制成本不分轻重，全方位、不加区分地都花大力气进行，往往达到的效果不是最好，所以应从成本中占比例最高的方面着手控制	⊙ 从班组成本各构成部分在产品成本中所占的比例来分析，一般直接材料成本在产品成本中所占比例较高，占到60%～80%份额；人工成本占的份额相对少些，一般占5%～10%；其他成本占比例10%～15%	⊙ 班组成本控制首要的是控制成本的主要方面，从占成本比例高的直接材料、人工等方面着手，只要牢牢地控制住成本占有比例较高的几个部分，班组成本控制的目标才更容易达到

图 1—7　从占比例高的方面着手的原因分析

2. 从班组创新方面着手

当班组成本降低达到一定限度后，其成本将很难再有下降的空间，此时班组只有从创新方面着手，才能更好地达到成本控制的目标。具体原因分析如图 1—8 所示。

只有从创新方面着手控制成本，才是班组不断降低成本的根本出路。具体班组创新的方式主要有如下 3 种，如图 1—9 所示。

3. 从关键点着手

班组成本控制应从关键点着手，抓住成本关键点，往往能达到事半功倍的效果。从关键点进行成本控制的原因及具体分析如图 1—10 所示。

原因	◎ 班组一般会采用各种方法来控制成本，如消耗定额、限额领料、指标分解等，但这些方法并不能一直对成本降低具有显著作用 ◎ 班组成本控制的目标是希望成本不断下降，但成本降低总有一个限度，到了某一个限度后，成本很难再降低，管理上稍一松懈还有可能反弹
结论	◎ 班组应与技术人员携手，只有从技术上、工艺上、管理上创新来着手降低成本，才能从源头上控制班组的生产成本

图 1—8　从创新方面着手的原因分析

技术	◎ 通过工艺创新，节省原材料用量或寻找新的、价格便宜的材料替代原有的材料
工艺	◎ 提高材料利用率、降低材料的损耗量、提高成品率或一级品率
管理	◎ 从工作流程和管理方式创新上来提高劳动生产率、设备利用率以降低单位产品的人工成本与固定成本含量

图 1—9　班组创新的 3 种方式

1 原因	2 举例分析	3 结论
⊙ 形成产品成本的各个环节、各个点在成本中的作用可能不同，有些环节点对成本的形成起关键作用，有些环节点对成本的形成起的作用较小	⊙ 若班组所用原材料的技术含量不高，且较难开发新的技术或新材料，此时采购原材料的价格成为成本控制的关键点 ⊙ 原料消耗较固定但成品率波动性较大时，提高质量就成了成本控制关键点	⊙ 由于企业产品性质的不同和技术实力的差异，班组成本控制的关键点也各不相同，班组应找出适合自身特点的成本控制关键点，只有从关键点着手控制成本，才能把力用到实处，达到事半功倍的效果

图 1—10　从关键点着手的原因分析

4. 从可控制费用着手

我们将班组成本分为可控成本和不可控成本，所谓的不可控只是相对的，没有绝对的不可控。不可控成本在企业建立或决策实施后就已形成，在一般条件下，它较少发生变化，如果花大力气去控制这些较固定的成本就没有多大意义。而可控成本可以人为进行调控，班组对这些费用进行控制，才更具有实际意义。

具体可控成本与不可控成本的详细说明见表1—4。

表1—4　可控成本与不可控成本

班组成本	说明	包括内容
不可控成本	指企业决策而形成的成本	管理人员工资、折旧费和部分企业管理费用
可控成本	指那些在生产经营过程中可以人为进行调控的费用	材料用量、机物料消耗量、材料进价、设备维修费、水电费、办公费、差旅费、运输费用、劳动保护费等

5. 从激励约束机制方面着手

成本控制不是靠班组长个人或者几个优秀员工就能做好的，需要所有与成本相关人员的参与。班组成本控制应当建立完善的成本控制制度，并建立与之相关的激励与约束机制，靠制度、用激励与约束的方式来调动班组全体员工控制成本的主观能动性，将节约成本与班组成员的切身利益联系起来，利用奖惩办法将班组被动成本控制转换为全员的主动成本控制。

6. 从节约意识培养方面着手

班组成本控制应从节约意识培养方面着手，只有思想意识提高了，成本控制管理工作才能事半功倍。班组人员应厉行节约，减少浪费，发扬主人翁精神，把企业当成自己的家，不浪费一度电、一滴水、一块材料，提高资源利用率，在生产劳动过程中养成节约的好习惯。

1.2.3 成本控制具体步骤

在整个成本控制过程中，班组长负责对班组生产成本的控制，使本班组各个作业环节的实际成本低于目标成本。班组成本控制的具体步骤如图 1—11 所示。

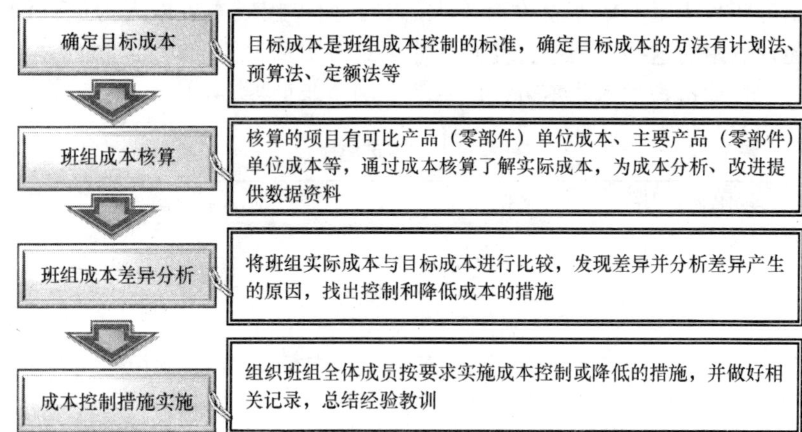

图 1—11　班组成本控制的具体步骤

1.2.4 成本控制常用方法

控制班组成本的工作贯穿于生产过程的各个方面，与每个班组员工的生产和工作有直接关系，因此，必须开展全面的成本控制管理。常用成本控制方法主要有表 1—5 所示的 8 种。

表 1—5　　成本控制常用方法

常用方法	具体内容
1. 提高产品产量，增加产品品种	★ 通过采用新设备、新技术，不断改进工艺技术操作方法，提高生产能力，增加产品产量和品种，减少单位成本中的固定费用，促使成本降低
2. 提高产品质量，降低废品损失	★ 各生产班组要严格执行操作规程，加强各道工序的质量检验，防止大量废品产生，减少废品损失 ★ 各生产班组加强对废次品的修复和回收利用

续表

常用方法	具体内容
3. 降低原材料消耗	★ 健全产品材料消耗定额和燃料、动力等耗用定额，做好定额发料，提高原材料利用率，加强对材料消耗的分析和考核，实行节约奖励制度 ★ 加强物流管理，减少途耗、库耗和在制品的损耗，严格原材料验收和库存管理 ★ 选用新的材料，降低材料采购成本 ★ 班组要积极配合设计部门进行产品设计变革，做到选材合理，产品功能合理
4. 提高设备利用率	★ 班组要合理安排作业，提高现有设备的利用率，降低产品单位成本中的设备折旧费和修理费 ★ 班组还可以建议有关部门选用生产效率高、使用成本低的设备
5. 提高劳动生产率	★ 不断改善劳动组织，合理用工与分工，减少非生产人员 ★ 加强员工培训，提高员工技术素质，提高劳动生产率，增加产量，减少单位产品中的固定费用，从而降低班组生产成本
6. 加强安全管理，减少事故损失	★ 班组必须在生产中树立“安全第一”的思想，加强对员工的安全教育，使员工按照安全操作规程进行生产，减少人身伤亡及各种不应有的事故损失
7. 控制非生产性支出，节约管理费	★ 在保证班组管理工作正常开展的前提下，尽力压缩一些不必要的开支，精打细算，节省开支，促进成本的降低
8. 采用现代管理技术	★ 班组在生产制造过程中，应加强科学管理，采用价值工程、工业工程、全面质量管理、网络技术、全员设备维修等现代化管理方法，实现班组生产活动的标准化、科学化、现代化

第2章　物料成本控制

2.1　物料成本控制内容

2.1.1　物料成本构成

生产班组物料成本是指班组在生产产品的过程中所消耗的物料成本，如原材料、包装物等耗费的成本。其具体构成明细如图2—1所示。

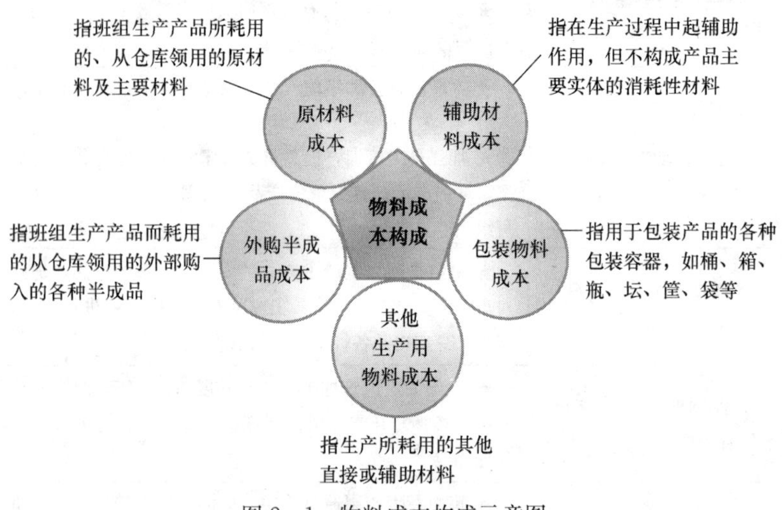

图2—1　物料成本构成示意图

2.1.2　物料成本标准

1. 物料成本标准控制法

物料成本在班组整个生产成本中占有很大比例。因此，对物料成本的管理控制尤其重要。控制生产现场物料成本时，可采用标准成本控制法。

标准成本控制法是把现场生产事前计划、生产过程控制和生产结束分析考核有机结合起来的一种方法。生产成本标准一般由直接材料（即物料）成本标准、直接人工成本标准和制造费用标准三大部分构成。

2. 物料成本标准制定步骤

班组物料成本标准是在一定条件下制定的作业现场物料消耗的控制标准，包括标准用量和标准单位成本两方面内容。物料成本标准是进行生产物料成本控制的准绳，它包括物料成本计划中规定的各项使用指标。制定物料成本标准的步骤和要点如图 2—2 所示。

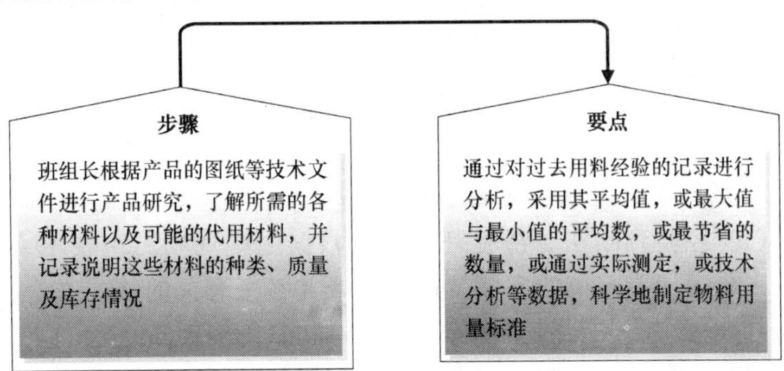

图 2—2 物料成本标准制定步骤及要点

3. 物料成本标准计算

班组在制定现场物料成本标准时，可通过编制标准成本单价来进行。其中用量标准和价格标准，分别用单位产品消耗量和原材料单价来表示。

计算公式如下：

物料成本标准＝单位产品的用量标准×物料的标准单价

2.1.3 物料消耗定额

物料消耗定额是班组在现有的生产技术组织条件下，结合产品技术和工艺要求，生产单位产品或完成单位工作量所必须消耗的物料的数量。物料消耗定额主要包括原材料消耗定额和辅助材料消耗定额。

1. 物料消耗定额的分类

依据用途不同，物料消耗定额可分为物料工艺性消耗定额和物料非工艺性消耗定额两种，具体说明见表 2—1。

表 2—1　　物料消耗定额的分类

分类	具体说明
物料工艺性消耗定额	物料工艺性消耗定额，是指在车间现有生产条件下，班组生产单位产品或完成单位工作量所用材料的有效消耗量，即包括单位产品的净重消耗和合理的工艺性损耗两部分
物料非工艺性消耗定额	物料非工艺性消耗定额，也称“物料供应定额”，是指在物料工艺性消耗定额的基础上，还包括一部分因生产现场各种客观条件限制不可避免的非工艺性损耗，如在生产过程中产生的废品、现场搬运保管过程中的合理损耗和其他非工艺技术原因而引起的损耗，包括废品消耗、材料代用损耗、设备调整中的损耗等

2. 物料消耗定额的制定方法

（1）经验判断法。经验判断法是根据生产现场班组技术人员、作业人员等相关人员的实际生产经验，并参考有关的技术文件和生产计划期内作业条件的变化等因素，对物料的消耗量进行确定的一种定性分析和定量分析相结合的方法。用经验判断法制定物料消耗定额的方法应注意以下几点要求，如图 2—3 所示。

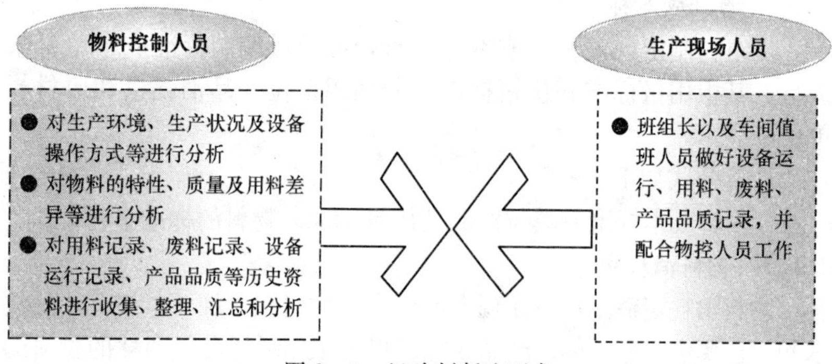

图 2—3　经验判断法要求

（2）统计分析法。统计分析法是指对生产中物料消耗的各种生产统计数据进行分析、整理、归纳和总结，并考虑生产计划期内作业条件变化等因素，以推算出物料消耗定额的一种方法。例如，可以根据班组过去一段时间的领料记录和其产品的产出记录进行统计，求出平均每个产品的物料消耗量。

（3）实际测试法。实际测试法是对生产现场物料的耗用量进行测试，根据测试结果确定物料定额指标的一种方法。

实际测试法需要掌握生产现场的第一手资料，避免受其他偶然因素的影响，对测试环境和操作人员的选择要求较高，适用于物料投入和产品产出数量容易与非测试阶段的数量分开的设备和工艺。具体操作步骤如图2—4所示。

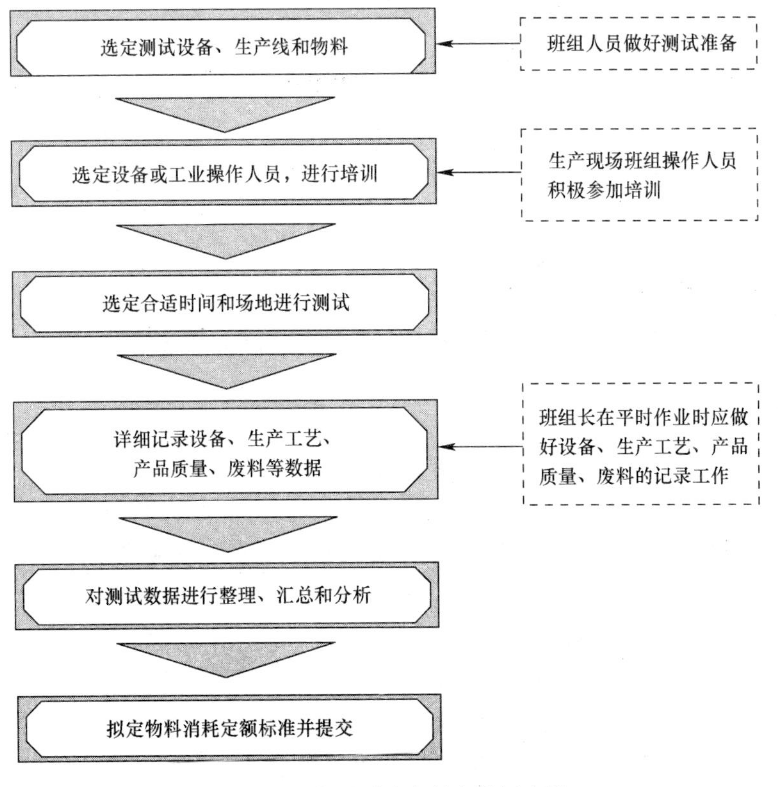

图2—4　实际测试法制定定额步骤

（4）工艺计算法。工艺计算法是指根据产品结果设计、技术特点、所需设备和工艺流程计算出物料消耗定额的一种方法。这种方法比较科学、精确，但计算复杂，工作量较大，适用于生产工艺简单、物料种类不多的情况。

班组长在平常的生产作业中应做好用料记录、废料记录、产品品质记录、设备运行记录等工作，配合物控人员制定物料消耗定额。

2.2　物料成本控制方法

2.2.1　物料成本控制关键点

1. 原材料成本控制关键点

原材料是指用于产品生产并构成产品实体的生产物料，原材料成本是生产成本最主要的组成部分，其高低变化直接影响着产品总成本及其竞争优势。生产现场原材料成本控制的关键在于控制其消耗量，班组长作为一线作业人员，应做好原材料成本控制工作，其关键点如图 2—5 所示。

2. 辅助材料成本控制关键点

辅助材料可简称为“辅料”，在生产过程中参与辅助作业，班组对辅助材料成本控制工作应注意以下几个关键点，如图 2—6 所示。

3. 外购半成品成本控制关键点

外购半成品是指企业为生产产品而从外部购入的各种半成品，班组平时作业应注意外购半成品成本控制工作，关键点如图 2—7 所示。

4. 包装物料成本控制关键点

包装是指为保存产品的形状和价值，方便储运与消费，按一定技术工艺方法，用包装物料将产品包装并予以适当装潢和标志的工作。负责包装的班组进行生产作业时应配合相关部门，注意包装物料的成本控制工作，关键点如图 2—8 所示。

◇ 按日或按批分解原材料成本控制目标

◇ 明确班组每位成员的职责，有效统筹，有序开展工作

◇ 配合技术员优化产品设计、调整与改良工艺技术

◇ 向原材料控制人员提供作业资料，配合其制定科学的原材料消耗定额

◇ 对每天的领料和用料进行记录

◇ 按规范进行作业，按定额使用原材料

◇ 督促班组作业人员进行自检、互检，减少因作业品质问题而造成的损失

◇ 对废料进行回收利用，或退回仓库

◇ 统计分析原材料实际消耗，进行班组考核奖惩

◇ 定期总结、分析不足，改善原材料成本控制工作

图 2—5　班组原材料成本控制关键点

◇ 配合辅助材料管理员做好材料管理工作

◇ 向辅助材料控制人员提供作业资料，配合其制定科学的辅助材料消耗定额

◇ 督促现场作业人员按辅助材料使用操作标准作业

◇ 对每天的领料和用料进行记录

◇ 检查是否有必要更换辅助材料

◇ 对于不可用的辅助材料，查看是否可回收，再确定是否报废处理

图 2—6　班组辅助材料成本控制关键点

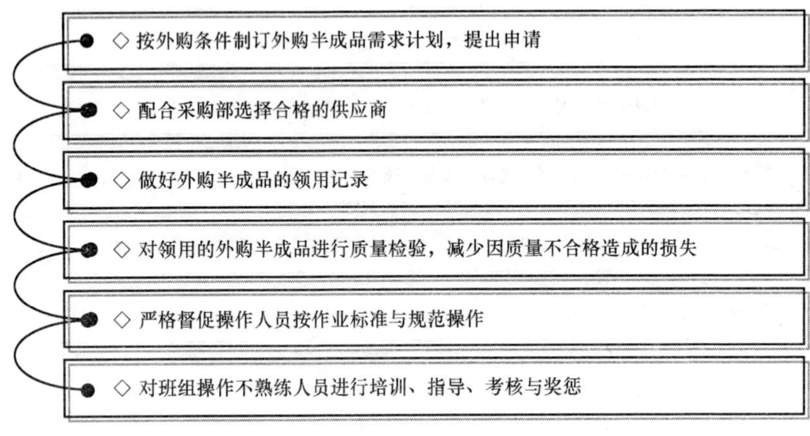

图 2—7　班组外购半成品成本控制关键点

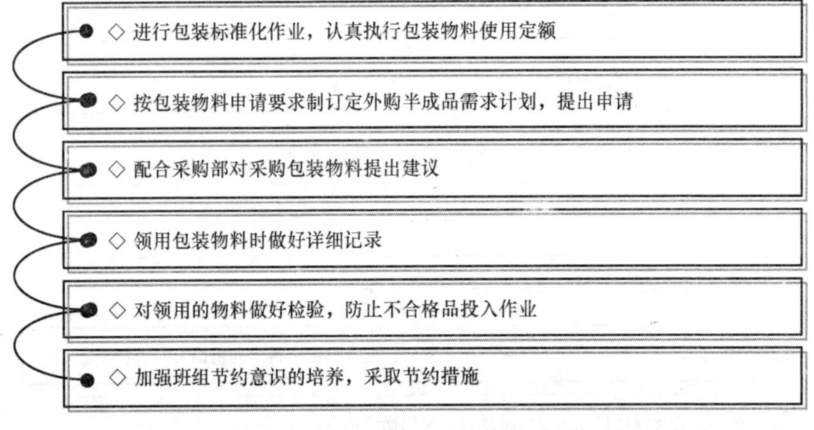

图 2—8　班组包装物料成本控制关键点

2.2.2　原材料成本控制方法

1. 工艺设计调整

(1) 优化产品设计。产品研发设计阶段，班组生产现场员工针对产品定位、产品原材料，可发挥个人见解，提出自己的建议，给产品研发设计人员提供参考。

（2）工艺技术调整、改进。生产现场一线作业人员根据自己的操作经验，可向工艺技术部提出工艺技术调整或改良的建议。工艺技术部负责对企业现有产品进行结构分析，并以满足功能降低成本为目标，对产品工艺不合理之处或可改进之处进行改进，具体改进方式包括四种，如图2—9所示。

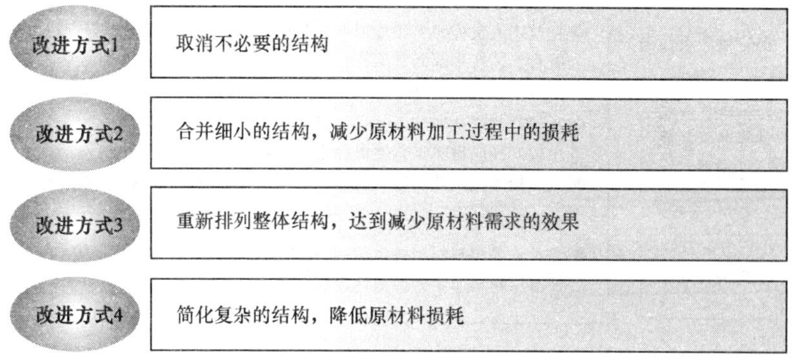

图2—9　工艺技术改进方式

2. 原材料消耗定额控制

（1）原材料消耗定额制定。工艺技术部对生产工艺流程与特性进行分析，计算原材料消耗定额，班组应积极提供相关现场生产资料，其制定步骤如图2—10所示。

（2）原材料消耗定额执行控制。生产车间按照工艺技术部编制的原材料消耗定额文件，进行产品试制验证消耗定额。验证内容包括原材料的工艺性消耗（边角料数量、不可回收损耗等）、原材料利用率等。

经验证后的定额文件发放到生产部，生产现场人员应严格按照原材料消耗定额文件进行领料、用料，并且各班组需做好各项记录与统计工作。

3. 原材料需求计划编制控制

生产部根据原材料消耗定额及生产任务规定，计算生产计划期内的原材料需求量，并注明原材料到库时间。原材料需求量计算公

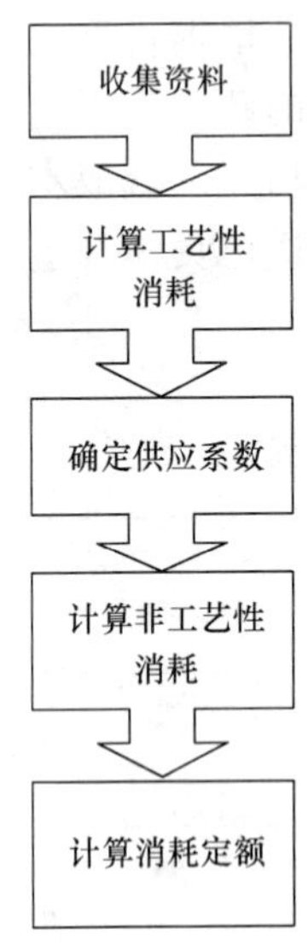

◆ 向工艺技术人员提供设备运行记录、生产工人技能核定表、生产领料记录、原材料使用统计表等资料

◆ 单位产品原材料工艺性消耗定额=单位产品原材料有效消耗定额+单位产品工艺性消耗定额

◆ 配合技术人员计算原材料工艺性消耗定额，并按规定领取材料

◆ 向技术人员提供上年度原材料数据、非工艺性损耗数据等资料，配合工艺技术部确定原材料供应系数

◆ 单位产品原材料非工艺性消耗定额=单位产品原材料工艺性消耗定额×原材料供应系数

◆ 配合技术人员计算原材料非工艺性消耗定额，并按规定领取材料

◆ 单位产品原材料消耗定额=单位产品原材料工艺性消耗定额+单位产品原材料非工艺性消耗定额

图 2—10　原材料消耗定额制定步骤示意图

式如下：

原材料需求量=（计划产品+技术上不可避免的废品数量）×单位产品原材料消耗定额－回用的该种原材料数量

4. 原材料限额领料控制

①生产车间各班组进行原材料领用时，应填写“生产领料单”并注明所需原材料数量。

②领用原材料的数量不得超过工艺技术部制定的原材料消耗定额。

③对于超出消耗定额的“生产领料单”，仓储部人员应予以退回，由生产车间主任进行修改确认后再进行核对，确保其满足消耗定额后方可发放。

④若班组由于丢失等原因需要超过限额领用原材料时，班组长须先查明原因再提出补料申请。

5. 生产加工过程控制

（1）合理加工。各班组成员在生产加工过程中，须按照“科学排料、量体裁衣、正确划线”的原则，尽量避免出现边角料。

（2）边角料的回用。对在原材料加工过程中产生的边角料，若能拼接的，在确保产品质量的前提下，尽量与原材料拼接使用；若不能拼接的，须对这些边角料进行整理加工，留作他用，努力做到材尽其用。

（3）废料的回收与核算。对于可回收的废料，应与完工产品同时入库，并根据下列公式进行核算：

领料总量＝工艺消耗量＋下料消耗量＋料头量

2.2.3 辅助材料成本控制方法

1. 推行辅助材料专人管理制度

（1）专人保管。指定专职人员负责辅助材料的保管、派发、统计等工作。

（2）派发控制。辅助材料管理人员应根据企业“派发辅助材料至车间、工段、班组”的规定，将当日所需的辅助材料预先放在小推车上，定时、定点推过，使需要的车间、班组成员立刻得到辅助材料。

（3）派发优势。实施“派发辅助材料至车间、工段、班组”这项规定的优势体现在 4 个方面，如图 2—11 所示。

1. 可直接供给到生产工序，避免各个生产现场或生产线持有在线辅助材料库存

2. 节省一线生产人员的工时，避免现场未领取辅助材料而离岗浪费生产时间

3. 节省辅助材料在生产现场的摆放空间

4. 可增进辅助材料管理人员对辅料用途、使用工序的了解，同时起到监督检查的作用

图 2—11 派发辅助材料“规定”优势

2. 推行辅助材料定额使用制度

（1）各生产班组应积极配合辅助材料管理人员的现场信息收集工作，提供产品实际耗用每种辅助材料的数量记录。

（2）生产现场操作人员应按颁布的定额标准使用辅助材料，车

间主任或班组长予以监督、指导。

3. 分类保管辅助材料

对于辅助材料的存储保管，各班组长需按用途或温湿度、通风与密闭、防火防爆等要求，进行分类管理，如危险品需要隔离管理、胶水需要在阴暗处存放、易燃易爆品要在无烟火处存放，有效防止辅助材料发霉、变质，避免产生呆废料或减小呆废料的数量。

4. 设置管理台账

在辅助材料管理台账上分新领和更换两种，新领要有班组长批准，更换则需退还用剩残壳，如外包装盒、袋、套等物，无须班组长批准即予更换。

以旧换新的操作方法见表2—2。

表2—2　　现场辅助材料以旧换新操作方法说明表

项目	更换方法	备注
胶水类	※ 用完后，保留原罐 ※ 用小容器细分，按实际用量，发够一天所需的数量	——
油脂类	※ 用完后，保留原罐 ※ 辅助小车定时推过，不足时及时添加	——
烙铁类	※ 以坏换新	——
手套	※ 每次发给两副，以旧换新	每周一副
电池	※ 质检人员每人两对，其他人一对，用尽后在底部打上“×”记号	每对使用约17小时
说明	※ 以上辅助材料增加使用量时，也要重新申请 ※ 严禁人为破坏 ※ 更换时无须签字或盖章，由辅助材料管理人员记录消耗数量 ※ 车间主任定时巡查，如发现多余，一律上交	

5. 辅助材料报废控制

报废辅助材料时，手续要齐全。现场生产班组人员在作业时，用完的残渣、壳体，不能随便扔进垃圾堆里，要凭用剩的残物（如残渣、壳体、包装盒、包装袋等）进行更换。

2.2.4　生产废料成本控制方法

废料是报废的物料，指经过使用后已失去原有功能，而本身无可用价值的物料。生产车间人员应对领用的物料恰当地储存、放置、移动、使用，并严格控制物料报废申请的审批，进行生产废料成本控制。

1. 分析废料产生原因

班组长协助车间主任定期对物料进行清理，分析废料产生的原因，其原因主要有4点，具体如图2—12所示。

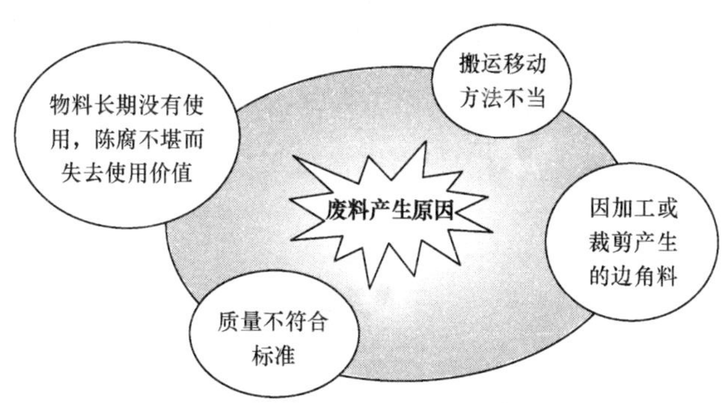

图2—12　废料产生原因分析

2. 废料控制方法

（1）储存条件控制。物料领用到车间后，班组长应采取措施保证良好的物料储存条件。应做到短期储存空间温度、湿度适宜，不会导致物料发潮变质；容易发生化学反应的物料不能放置在一起，应特别注意危险物料的摆放，尤其是易燃易爆物料；做好物料防火、防盗、防汛、防潮、防锈、防霉、防鼠、防虫工作，减少或杜绝安全隐患。

（2）物料搬运过程控制。班组长在组织班组成员搬运物料时，应规范搬运作业，减少搬运过程废料的产生。具体的作业规范如下。

1）物料搬运时需视实际情况如存货的大小、数量的多少及码放的高低等选用适当的工具或方法。

2）搬运时应保持通道畅通，注意安全。

3）易碎品在搬运时应避免碰撞。

4）注意防潮、防污，物料放置时必须轻拿轻放。

5）搬运工具（如叉车等）操作人员须严格按照工具的使用说明进行操作。

（3）物料使用控制。班组长应随时监督生产现场作业人员，避免班组成员因作业不当或工作失职而产生废料，对产生废料的员工作业进行记录，加入考核与奖惩范围。

3. 废料处理控制

为了防止生产现场作业人员误将可使用物料判断为废料，应加强物料报废的申请审批程序。

（1）一级废料处理。一级废料是指当产品重新开出、更换模具、颜色、品种、试模、皮料、材料等情形下产生的废料。处理程序和方法如图 2—13 所示。

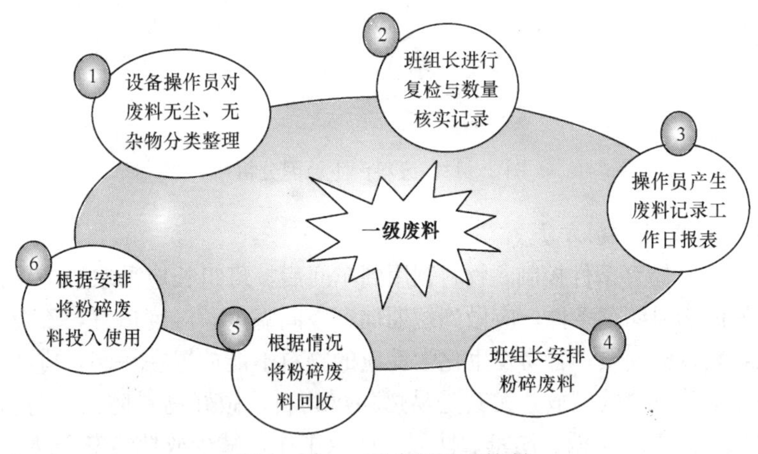

图 2—13　一级废料处理控制

（2）二级废料处理。该班组设备所产生的二级废料，由设备操作员收集整理送往指定地点并报告品管员或班组长，经品管员或班组长检测与数量核实并记录后，由设备操作人员整齐放置在二级废料放置区，由行政部负责将其变卖处理。

2.3 物料成本控制实务

2.3.1 物料成本控制流程

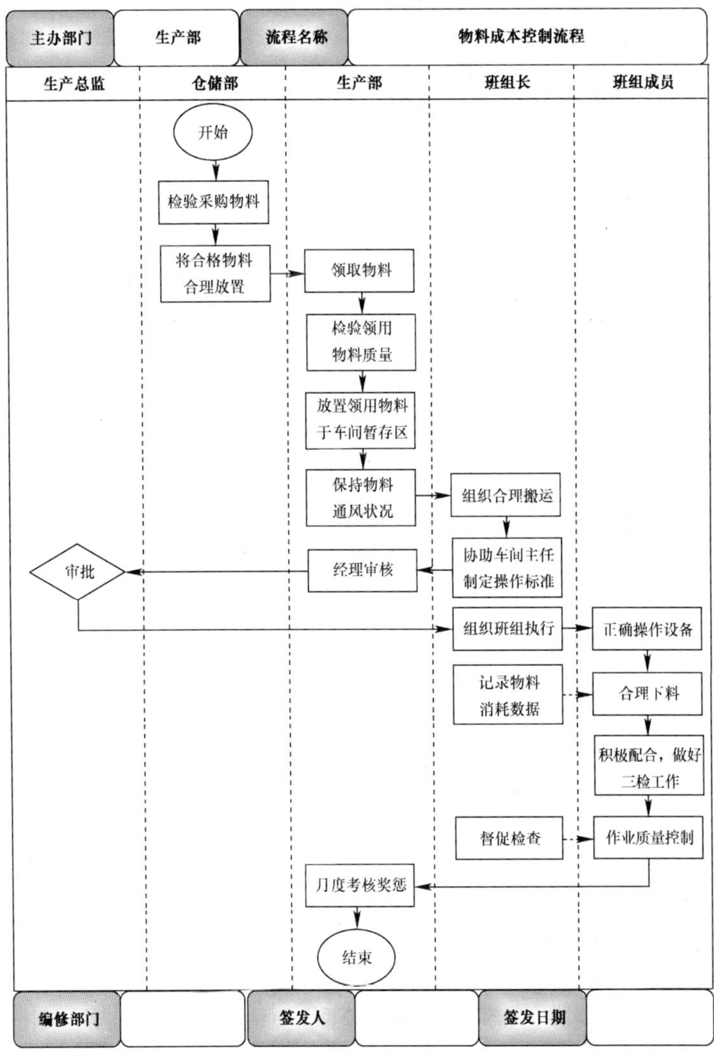

2.3.2 物料成本控制制度

<table>
<tr><td rowspan="2">制度名称</td><td rowspan="2">物料成本控制制度</td><td>编　　号</td><td></td></tr>
<tr><td>执行部门</td><td></td></tr>
<tr><td colspan="4">

第1章　总　　则

第1条　目的

为控制物料成本，规范生产现场物料的使用，防止物料浪费，有效降低工厂生产成本，实现竞争优势，结合工厂的实际情况，特制定本制度。

第2条　适用范围

本制度适用于工厂生产现场所用的原材料、辅助材料、外购半成品及包装物等物料成本费用控制相关工作事项。

第3条　职责分工

1. 总经理负责各种物料成本控制相关制度的审批及物料成本控制效果的评价。

2. 工艺技术人员负责优化产品设计和提高生产工艺，根据工艺流程或特点确定物料使用消耗定额。

3. 生产部负责指导生产作业人员按照规范的工艺技术和损耗定额进行生产作业，并对生产过程中出现的超额消耗物料情况进行调查分析与改进。

4. 车间主任和班组长学习产品生产工艺与技术，落实各物料消耗定额控制，分析和改进超额消耗情况。

5. 各班组生产人员按规范定额使用生产物料。

第2章　原材料成本控制管理

第4条　生产过程定额控制

1. 制定操作标准

生产部负责制定生产操作标准，规范生产作业人员的具体操作，避免因操作不规范造成的原材料浪费。

2. 定额领用原材料

对于生产车间内存放的原材料，车间指定专人进行管理，按照消耗定额执行限额领用、限额发放。

3. 合理利用原材料进行生产

车间主任负责在生产过程中对作业人员进行指导和考核，监督作业人员按照消耗定额的规定和生产操作的标准执行生产，对原材料进行合理利用，减少因出现边角废料而造成的原材料浪费。

4. 记录原材料消耗数据

车间主任负责对本车间内的原材料使用消耗量进行记录，并作为控制原材料消耗

</td></tr>
</table>

续表

<table>
<tr><td rowspan="2">制度名称</td><td rowspan="2">物料成本控制制度</td><td>编　号</td><td></td></tr>
<tr><td>执行部门</td><td></td></tr>
</table>

的依据进行存档保管。

第 5 条　生产物料使用控制

1. 生产线上必须坚持“生产与节约并重”“按定额用料”等原则，减少料头、料尾损耗，注意节约和合理利用材料，从而提高材料利用率。

2. 生产作业人员下料时，尽可能采用集中下料、精密排料、大小搭配、长短交叉、先大后小等方法，尽量减少边角料，直至无法利用为止。

3. 对生产线上产生的边角料、废料，生产作业人员应分类堆放，做好“变一用为多用、变小用为大用、变无用为有用”工作。

第 6 条　生产作业质量控制

1. 生产部提高作业品质，降低废次品率、不良品率。

2. 生产部采用先进工艺和设备，进行技术革新，提高工效，节约工时，降低材料消耗定额。

第 7 条　生产废料回收控制

1. 生产作业人员在使用原材料进行生产时，对所出现的边角料等不可随便丢弃，经检定或加工后投入再次使用。

2. 对于不可加工再使用的边角余料，应由车间主任负责对其进行保管与整理，定期进行变卖处理或做其他用途，所得款项应交送财务部处理。

第 3 章　辅助材料成本控制管理

第 8 条　辅助材料操作标准控制

生产部应制定辅助材料使用操作，对辅助材料的耗用进行规范，并对现场作业人员予以监督、指导。

第 9 条　辅助材料使用记录控制

1. 辅助材料管理人员负责生产现场辅助材料的保管、派发与统计工作。

2. 辅助材料设置台账进行管理，详细登记每次辅助材料的入库、派发。

3. 随时掌握辅助材料进出情况，为阶段性统计分析工作提供依据。

第 10 条　辅助材料的派发控制

辅助材料管理人员应根据工厂相关规定，将当日所需辅助材料预先存放于小推车上，定时、定点向车间内各班组、工序工作人员派发辅助材料，并监督其领用量不得超过使用定额，达成以下目标。

1. 直接供给生产工序，避免各个生产现场或生产线持有在线辅助材料库存。

2. 节省一线生产人员的工时，避免现场为领取辅助材料而离岗浪费生产时间。

续表

制度名称	物料成本控制制度	编　　号	
		执行部门	

3. 节省辅助材料在生产现场的摆放空间。

4. 增进辅助材料管理人员对辅料用途、使用工序的了解，同时可起到监督、检查的作用。

第 11 条　辅助材料报废控制

辅助材料报废时，应手续齐全，残物由辅助材料管理人员进行回收、管理。根据辅助材料可否再利用分别进行以下控制。

1. 加工再利用控制。

工厂对可进行加工再利用的残物应进行收集整理后实施加工再造。

2. 报废申请与控制。

工厂对不可利用的辅助材料应按照标准认定损坏程度后，由辅助物料管理人员填写《辅助物料废弃申请表》，交质量管理部门检验核准后实施。

第 4 章　外购半成品成本控制管理

第 12 条　外购半成品需求数量申请控制

各生产车间根据工厂的生产计划、生产能力、工艺技术文件等确定需要外购的半成品数量，报生产部经理审批。

第 13 条　外购半成品领用控制

1. 生产车间指定专人负责外购半成品的领用工作。

2. 车间根据各生产人员的工序与技能及生产任务的需要，限制生产人员领用外购半成品的数量，防止因现场数量过多发生损耗。

3. 领用外购半成品时，领用人员需填写领用单，经生产部经理审批后与生产任务书一起提交到仓库。

4. 车间对外购半成品的领用进行记录，记录内容包括领用时间、数量、领用人、工序等。

5. 每日生产现场剩余的外购半成品由外购半成品管理人员统一收回、保管，防止丢失、损坏。

第 14 条　外购半成品使用控制

1. 执行作业标准培训。

工艺技术部、生产部组织各生产车间对生产人员的作业规范进行培训，纠正其不正确的作业方式。

2. 监督与指导。

（1）车间管理人员应随时对生产现场进行巡视、监督、指导，防止出现不规范的

续表

<table>
<tr><td rowspan="2">制度名称</td><td rowspan="2">物料成本控制制度</td><td>编　　号</td><td></td></tr>
<tr><td>执行部门</td><td></td></tr>
</table>

操作，造成损失。

(2) 外购半成品管理人员对外购半成品的使用情况进行记录，定期上报，发现异常时，应及时上报并查找原因，提出改善办法。

第 5 章　包装物料成本控制管理

第 15 条　包装作业标准化控制

生产班组应组织班组成员学习包装标准化作业指导书，严格根据指导书进行包装作业。

第 16 条　包装物料使用控制

1. 专人负责。

车间指定专人负责包装物料的领用、保管、统计等工作。

2. 限额领取与发放。

包装物料管理人员根据生产任务与定额领取当日所需包装物料，并按照生产人员的工序要求限额发放。

3. 监督与指导。

车间管理人员对包装作业进行监控，及时纠正不规范作业。

第 17 条　包装作业改进控制

1. 包装技术改进。

工艺技术部应及时掌握包装技术动态，采购新的包装技术与工艺流程，减少包装物料的使用，提高物料利用率，采用绿色环保物料。

2. 尽量实现包装机械化。

工厂应在生产能力、资金能力范围内，尽量实现机械化包装，大幅度地提高包装效率，降低各项费用支出。

第 6 章　附　　则

第 18 条　本制度各条款由生产部负责制定、修改和解释。

第 19 条　本制度由总经理审批生效后执行。

编制人员		审核人员		批准人员	
编制日期		审核日期		批准日期	

2.3.3 物料成本控制方案

<table>
<tr><td rowspan="2">方案名称</td><td rowspan="2">物料成本控制方案</td><td>编　号</td><td></td></tr>
<tr><td>执行部门</td><td></td></tr>
<tr><td colspan="4">

一、目的

为了对工厂生产现场的物料使用成本进行合理控制，对现场管理人员及作业人员的成本控制工作提供指导，特制定本方案。

二、相关定义

1. 物料成本控制，指针对车间、工段、班组生产活动所需的物料，进行有计划的准备和合理的使用，并进行协调和控制，以达到合理生产、迅速生产的目的。

2. 生产物料，主要包括主要原材料与辅助材料。

（1）主要原材料是指直接构成基本产品实体的材料，其使用量与产品的产量成正比，通常会计入物料清单（BOM）内。

（2）辅助材料是指在产品的生产过程中，起辅助作用、但不构成产品主要实体的消耗性材料，包括焊接类、油漆类、油脂类、溶剂类、胶水类和防护类材料等。

三、物料使用成本控制职责与分工

1. 车间材料使用成本的日常控制，一般由车间材料核算员负责。车间材料核算员主要负责收集材料，分析对比，追踪原因，并会同有关部门和人员提出改进措施。

2. 车间工艺员和质量检查员要监督作业人员是否按照图纸、工艺、工装等要求进行操作，实行首件检查，防止成批报废。

3. 车间设备员要按工艺规程规定的要求监督设备维修和使用情况，不符合要求不能开工生产。

4. 仓储管理部材料员要按规定的品种、规格、材质实行限额发料，监督领料、补料、退料等规章制度的执行。

5. 生产调度人员要控制生产批量，保证作业人员合理下料、合理用料，监督定额标准的执行。

四、材料使用成本的事前控制

（一）改进产品设计，采用先进生产工艺

1. 产品研发人员应以市场为导向做好产品的定位工作，针对市场份额、市场占有区域、远近期销售情况做出详细的调研和分析，在此基础上开展产品设计工作。

2. 在产品设计阶段即对产品成本进行有效的估算、预测，通过对新旧产品所耗用的材料对比，以确定改进空间。

3. 引进目标成本（可允许成本）的概念，加强新产品开发成本分析工作。在设计或改进产品过程中，研发人员应以目标成本为控制上限，选用最适当的原材料而非最昂

</td></tr>
</table>

续表

方案名称	物料成本控制方案	编　　号	
		执行部门	

贵的原材料来实现产品的开发与生产。

4. 产品研发部应建立材料价格、劳动定额等动态成本信息库，这是产品使用成本在设计阶段即得以控制的信息基础。

5. 产品研发人员应制定合理的工艺方案，不断改进生产工艺，这是材料使用成本得以控制的关键。

（二）制定材料消耗标准

1. 材料消耗标准的制定，是材料使用成本控制工作所依据的标准之一。材料消耗标准的制定工作，主要由工程技术部负责。

2. 技术人员根据工艺路线表，计算出产品零部件、原材料消耗定额，并编制成标准的技术文件，然后交工艺室下发给各车间及物资供应部等部门。

3. 物资供应部再根据定额数量组织零部件、原材料的采购工作。

（三）加强材料使用计划的管理

1. 根据材料消耗定额及其采购规定，计算出一个生产计划期内的材料需用量，从而制订出合理、有适当弹性的物料使用计划。

2. 材料需用量，需根据每一个具体产品品种的生产作业任务、每一类材料的消耗定额（主要原材料为工艺消耗定额）来计算，计算方法包括直接计算法和间接计算法两种。

（1）直接计算法。

直接计算法，即根据生产计划任务和材料消耗定额来直接确定材料需用量的方法，计算公式如下。

某种原材料需用量＝(计划产量＋技术上不可避免的废品数量)×单位产品该原材料消耗定额－计划回用的该种原材料的废品数量

某种辅助材料需用量＝(计划产量＋技术上不可避免的废品数量)×单位产品该辅助材料的消耗定额

（2）间接计算法。

间接计算法，即按一定的比例或系数，来估算材料需用量的办法；主要适用于某些不便于制定消耗定额或消耗量不大的辅助材料。计算公式如下。

$$某种辅助材料需用量=\frac{上期实际消耗量}{上期实际产量}\times 本期计划产量\times(1-可能降低消耗的百分比)$$

续表

方案名称	物料成本控制方案	编　　号	
		执行部门	

五、物料使用成本的事中控制

（一）加强班组领料的控制

1. 以材料消耗定额和生产作业计划为依据，确定月度领用的材料限额。

2. 班组领料时，须经领料员按规定的规格和标准核实比对后，方可到仓库提取。

3. 如班组因发生废品、零部件丢失等原因，需要超过限额领用材料时，需先查明原因，经审查过程，才能超额补领材料，尤其是那些耗用量较大、单位价值较高的材料。

4. 领料时，还应执行“交旧领新”规定，以便及时回收散落在现场的材料，搞好旧品翻新、废品再利用工作。

（二）正确选材

1. 所选材料的品种、规格和材质，必须符合产品技术标准，并具有良好的工艺性。

2. 在不影响产品质量的前提下，可采用合适的材料或质优价廉的新型材料。

（三）合理下料，节约用料

1. 生产线上耗用原材料、辅助材料时，必须坚持“生产与节约并重”“按定额用料”等原则，减少料头、料尾损耗，注意节约和合理利用材料，从而提高材料利用率。

2. 下料时，要尽可能地采用集中下料、精密排料、大小搭配、长短交叉、先大后小等方法，尽量减少边角料，直至无法利用为止。

3. 对生产线上产生的边角料、废料，应分类堆放，做好“变一用为多用、变小用为大用、变无用为有用”工作。

（四）加强作业品质的控制，减少因作业品质造成的损失

1. 提高作业品质，降低废次品率、不良品率，增加优质品，使产品延长使用寿命。

2. 采用先进工艺和设备，进行技术革新，提高工效，节约工时，降低材料消耗定额、工时定额。

六、物料使用成本的事后控制

（一）及时纠正偏差

针对材料使用成本实际发生额，与材料目标成本进行比较，寻找差异，并分析差异发生的原因，查明责任者，根据轻重缓急，提出改进措施，加以贯彻执行。对于重大差异专案的纠正，一般采用下列程序。

1. 提出课题。

（1）逐项分析各种材料的使用成本，并与目标成本进行比较，填写“材料目标成本执行情况检查表”，以便从使用成本超支的材料中提出材料成本改善课题。

续表

<table>
<tr><td rowspan="2">方案名称</td><td rowspan="2">物料成本控制方案</td><td>编　号</td><td></td></tr>
<tr><td>执行部门</td><td></td></tr>
<tr><td colspan="4">（2）提出改善课题时，要说明提出课题的目的、内容、理由、依据和预期达到的经济效益。
2. 讨论和决策。
在选定改善课题后，改善小组应发动有关部门和人员进行广泛的研究和讨论；对于一些重大的课题，可能要提出多种解决方案，开展各种方案的对比分析后，从中选出最优方案。
3. 确定改善方案推行的方法、步骤及负责执行的部门与人员。
4. 贯彻执行确定的改善方案。
在改善进行过程中，改善小组要及时加以监督检查，并于改善方案经过推行后，检查该方案实现后的经济效益，衡量是否达到了预期的目标。
（二）加强相关人员的责任考核
车间和车间内有关的成本控制责任单位（责任点），凡是能考核其投入产出比的，都应定期考核实际投料量与应投料量的差异。</td></tr>
</table>

编制人员		审核人员		批准人员	
编制日期		审核日期		批准日期	

2.3.4　物料成本控制表单

1. 原材料定额消耗表

编号：　　　　用料时间：　　年　月　日　填制时间：　　年　月　日

产品名称	工序名称	所需设备	原料名称	原料规格	原料单位	消耗定额	备注
____产品							
____产品							
相关说明							

编制人：　　　　　　复核人：　　　　　　审批人：

2. 领料单

制造单号：　　　　　　　　　　　　　　　　　　日期：　　年　月　日

领料部门					部门编号		
领料人					批准人		
物料用途说明							
物料形态说明		□ 原材料　□ 辅助材料　□ 半成品 □ 成品　□ 不良品　□ 其他					
物料编号	品名规格	申领数量	实发量	不足量	单价	发料人	备注
领料说明	□ 未超领料 □ 废品过多超用 □ 次品过多超用		发料记录		□ 如数发料 □ 欠拨 □ 欠拨后已补		
复核	物控部经理				领料人签收		
	物料仓库主管						
	财务部						

3. 物料领用记录表

物料编号	领用单编号	领用部门	领用数量	用途说明	领用日期

4. 物料搬运分析表

生产车间：　　　　　　　　　　　　　　　　　　日期：　　年　月　日

类别			物料名称	包装方式	容器尺寸			单位重量	形状	其他说明及搬运事项	搬运等级
原料	半成品	成品			长	宽	高				

续表

类别			物料名称	包装方式	容器尺寸			单位重量	形状	其他说明及搬运事项	搬运等级
原料	半成品	成品			长	宽	高				

5. 废料清单

编号：　　　　　　　　　　　　　　　　　　　　日期：　　年　月　日

项次	物料名称	编号	料别	数量	原单价	原价值	处置方式	备注

审核人：　　　　　　　　　　　　　　　　　　　　制表人：

6. 废料处理报告单

编号：　　　　　　　　　　　　　　　　　　填写日期：　　年　月　日

<table>
<tr><td>物料编号</td><td></td><td>物料名称</td><td></td><td>数量</td><td></td></tr>
<tr><td>处理方式</td><td colspan="5">□ 废弃　□ 出售　□ 转作他用　□ 改造</td></tr>
<tr><td>处理说明</td><td colspan="5"></td></tr>
<tr><td rowspan="4">损失分析</td><td colspan="2">①账面价值</td><td colspan="3"></td></tr>
<tr><td colspan="2">②处理收入</td><td colspan="3"></td></tr>
<tr><td colspan="2">③处理支出</td><td colspan="3"></td></tr>
<tr><td colspan="2">④损失金额或价值</td><td colspan="3"></td></tr>
</table>

7. 材料目标成本执行情况检查表

产品名称：　　　　　　　　　　　　　　填写日期：　　年　月　日

<table>
<tr><td>材料名称</td><td>单位</td><td rowspan="2">消耗定额</td><td colspan="3">实际消耗</td><td rowspan="2">增减金额</td><td rowspan="2">差异原因分析</td></tr>
<tr><td>原材料</td><td>吨</td><td>单耗</td><td>单价</td><td>实际成本</td></tr>
<tr><td>其中：A 材料</td><td></td><td></td><td></td><td></td><td></td><td></td><td></td></tr>
<tr><td>B 材料</td><td></td><td></td><td></td><td></td><td></td><td></td><td></td></tr>
<tr><td>C 材料</td><td></td><td></td><td></td><td></td><td></td><td></td><td></td></tr>
<tr><td>辅助材料</td><td>元</td><td></td><td></td><td></td><td></td><td></td><td></td></tr>
<tr><td>其中：甲材料</td><td></td><td></td><td></td><td></td><td></td><td></td><td></td></tr>
<tr><td>乙材料</td><td></td><td></td><td></td><td></td><td></td><td></td><td></td></tr>
<tr><td>丙材料</td><td></td><td></td><td></td><td></td><td></td><td></td><td></td></tr>
</table>

第3章　采购成本控制

3.1　采购成本控制内容

3.1.1　采购成本构成

采购成本通常包括采购物资的维持成本、订购管理成本以及采购不当导致的间接成本。企业班组生产所需原材料、辅料等物资的采购成本的主要构成如图3—1所示。

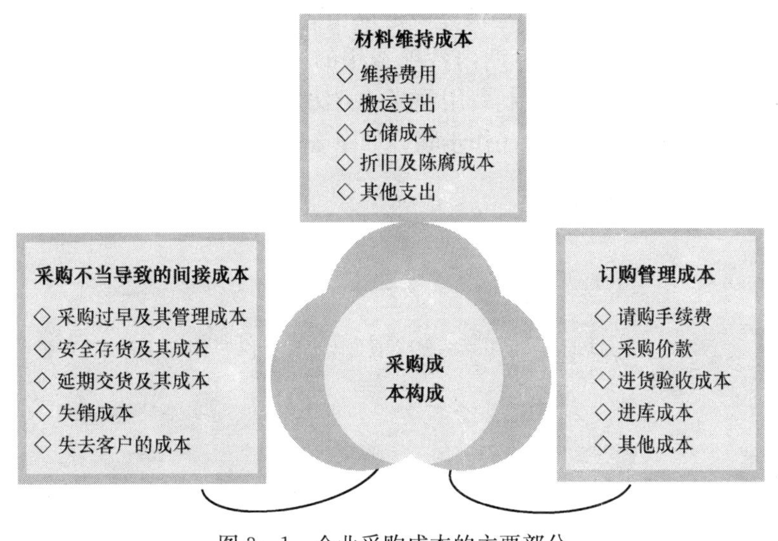

图3—1　企业采购成本的主要部分

3.1.2　采购成本预算

企业对班组采购成本进行控制时，必须加强采购成本的预算管理，要求班组长掌握采购成本预算的编制方法，配合企业预算编制人员编制本班组的采购预算。

1. 采购成本预算的编制方法

采购成本预算的编制方法主要包括以下 6 种，班组长应对每种方法都熟练掌握，并能灵活运用。

（1）固定预算。固定预算是根据预算期内正常的、可实现的某一业务量水平来编制预算的方法。

（2）弹性预算。弹性预算是指在按照成本（费用）习惯性分类的基础上，根据量、本、利之间的依存关系，以计划期间可能发生的多种业务量水平为基础，分别确定与各业务水平相适应的费用预算的方法。它可以反映不同业务情况下所应支付的费用水平。

（3）增量预算。增量预算是在上期成本费用的基础上，根据预计的业务情况及企业经营管理需求，调整有关费用项目的预算方法。

（4）零基预算。零基预算，是以预算起始日为零起点，从实际需要角度逐项审议预算期内各项费用的内容及开支标准是否合理，在综合平衡的基础上编制费用预算的方法。

零基预算作业具体操作步骤，如图 3—2 所示。

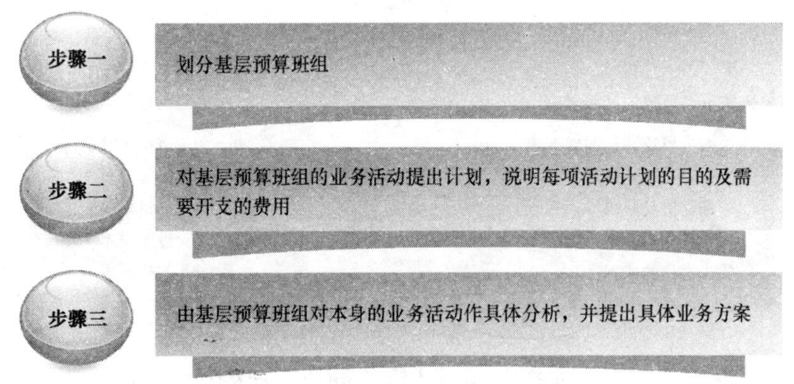

图 3—2　零基预算的作业步骤

（5）定期预算。定期预算是以不变的会计期间作为预算期的预算编制方法。多数情况下该期间为一年，并与会计期间相对应。

(6) 滚动预算。滚动预算是指在编制预算时，将预算期与会计年度脱离，随着预算的执行不断地补充预算，逐期向后滚动，使预算期间始终保持在一个固定的长度（一般为12个月）。

2. 采购成本预算编制方法的选择

班组长应该根据班组所需采购项目的类型和特点选择合适的预算编制方法，使编制的预算更加准确，符合实际需求。各种编制方法的优、缺点及适用范围对比情况介绍见表3—1，以便班组长选择。

表3—1 预算编制方法比较情况一览表

编制方法	优点	缺点	适用范围
固定预算	◎ 简便易行、较为直观	◎ 机械呆板，可比性差 ◎ 不利于正确地控制、考核和评价采购预算的执行	◎ 适用于在一定范围内相对稳定的班组预算项目
弹性预算	◎ 有利于客观地对预算情况进行考核、控制及评价 ◎ 避免了由于班组业务量变化而对预算的频繁修订	◎ 操作复杂，工作量大	◎ 适合于采购数量随着业务量变化的采购 ◎ 适用于市场价格及市场份额不确定时
增量预算	◎ 编制方法简便、容易操作	◎ 使预算中的某些不合理因素得以长期沿袭 ◎ 容易产生班组在资金上的浪费	◎ 适用于由于某些计划采购项目的实现，而相应增加的支出采购项目
零基预算	◎ 合理、有效地进行资源分配 ◎ 有助于培养各班组员工的投入产出意识，降低各班组资金浪费率 ◎ 方案工作重点明确	◎ 个别管理人员难以接受 ◎ 工作量较大，费用较昂贵 ◎ 预算分配极具主观性，容易引起企业内部矛盾 ◎ 容易忽视企业长期利益	◎ 适用于大部分的预算项目

续表

编制方法	优点	缺点	适用范围
定期预算	◎ 预算期间与会计年度相配合，便于考核和评价预算的效果	◎ 跨期长 ◎ 具有盲目性和滞后性	◎ 适用于服务性质的、经常性采购项目预算
滚动预算	◎ 有助于根据前期预算的执行情况及时调整预算 ◎ 有助于保证采购支出的连续性和完整性，充分发挥预算的指导和控制作用	◎ 操作复杂，工作量大	◎ 适用于规模较大、时间较长的工程类或大型设备采购项目预算

3.1.3 采购成本核算

企业应该建立完善的采购成本核算制度，确保各类采购成本、费用能够准确地核算，从而为采购成本控制提供重要的依据。加强采购成本核算控制的主要措施包括 4 项，具体见表 3—2。班组长应认真掌握各项核算措施，配合财务部及采购部做好核算工作。

表 3—2　　　　采购成本核算控制措施

控制措施	具体说明
科学设定科目	◆ 财务部应科学设定与采购会计处理有关的科目，包括原材料、包装物及低值易耗品、在途物资、应付账款、应付票据、预付账款、应交税费等科目，班组长应掌握常用物资的归属科目
记录各项资金和物流	◆ 财务部、采购部、仓储部、生产部全面真实地记录和反映企业采购各环节的资金流和物流状况，班组长进行配合
选择合理的核算方法	◆ 常见的采购成本核算方法包括品种法、分批法、分步法、分类法和 ABC 成本法等，会计人员应选择合适的成本核算办法，班组长可提供合理建议

续表

控制措施	具体说明
全面核算采购成本	◆ 会计和采购人员在统计采购成本时，不仅要记录显见的物资获得成本，还需将物资的持有成本也计算在内，计算采购总成本 ◆ 班组应加强采购成本高的物资的管控工作

3.2　采购成本控制方法

3.2.1　物料采购成本控制方法

物料采购成本是企业流动资金的主要部分，同时也是产品成本的主要部分，对物料成本做好严密的控制，能够在很大程度上使采购总成本得到控制。物料采购成本控制的方法包括以下 4 种，班组长必须认真掌握。

1. 编制及执行采购计划与预算

班组长根据生产经营计划和物料需求编制物料采购计划及预算，经上级领导审批后在财务部的监督下严格执行。

2. 确定采购底价

在采购时，班组长应当确定合理的采购底价，并报财务部审核后执行，以此控制采购价格，确保以较低的价格获得物料。

3. 控制订购批量

班组长根据生产物料需求、物料特点及供应商供货情况等合理选择订购批量，并依据采购费用、库存成本、采购价格等因素确定经济订货批量，审核每次采购数量，降低采购的综合成本。

4. 明确物料消耗定额

产品在生产过程中会伴随一定的物料消耗，减少物料的消耗必然会降低采购量，从而降低采购成本。而物料消耗量的多少，取决于物料消耗定额。物料消耗定额的确定分为主要原材料消耗定额的确定、辅助材料消耗定额的确定、电力消耗定额的确定、零件材料以及其他各类用途材料定额的确定。具体说明见表3—3。

表3—3 物料消耗定额确定

项目	具体说明
主要原材料消耗定额	◇主要原材料消耗有三部分，即有效地消耗、工艺性消耗、非工艺性消耗
辅助材料消耗定额	◇按照产品面积或重量来确定。这种确定方法适用于油漆、电镀等生产工艺中的辅助材料 ◇按单位产品来确定。这种确定方法适用于产品消耗量与产量成比例的辅助材料 ◇按设备开动时间来确定。这种确定方法适用于消耗数量与设备开动时间成比例的辅助材料，如磨料、润滑油、冷却液等 ◇按工种来确定。如按工种发放的劳动保护用品（工作服、手套等） ◇按主要原材料消耗定额的比例来确定。这种确定方法适用于与主要原材料成比例的辅助材料
电力消耗定额	◇根据电力在企业生产中的作用来确定，可以根据电动机的电力、机械设备的用电量来确定电力消耗定额
零件材料以及其他各类用途材料定额	◇可用上述类似的方法确定消耗定额

3.2.2 零配件采购成本控制方法

班组开展零配件采购成本控制的方法有加强零配件定额使用管理，设置专人对零配件进行管理等，具体内容如下。

1. 推行零配件定额使用制度

（1）制订零配件需求数量计划。班组长根据生产计划，事先确定相应的零配件需求数量，报采购部。采购人员应根据需求数量、库存数量及其他实际情况，制订采购计划，采购零配件。

（2）定期统计零配件实际耗用数量。零配件管理人员定期（如每周、每月）到生产现场收集每件产品实际耗用每种零配件的数量，并进行统计，然后将统计结果报告班组长。

（3）控制零配件使用量。班组长分析零配件使用统计报告，将其与零配件使用定额进行比较，确定下一步改进计划及措施，不断改善班组零配件使用管控工作，节约零配件采购成本。

2. 推行零配件专人管理制度

（1）控制零配件的派发量。零配件管理人员应按照企业相关制度，根据生产任务单中产品的使用限额确定零配件的使用限额，并按照限额进行发放。

（2）指定专管零配件的人员。企业应指定专职人员负责生产零配件的保管、派发、统计等工作。

（3）统计零配件日用量。零配件专职管理人员应在每日定时走访各班组及生产岗位，查验零配件的使用情况，在下班前将其登记在“零配件使用日报表”中。

（4）及时上报当日班组剩余零配件。零配件专职管理人员若在下班前的走访中发现限额领用的零配件有剩余，应立即上报车间主任，由车间主任调查情况、分析原因，制定相关措施。

3.2.3 设备采购成本控制方法

设备采购成本的控制方法有很多，主要可从控制设备订购成本及做好设备维修保养工作两个方面开展，具体如下所示。

1. 抓好设备采购计划管理

采购计划管理是设备管理的关键所在，在设备采购管理中起到承上启下的作用，既要组织、协调采购人员、仓储管理人员，又要联系需求部门，保证设备采购计划的准确度。

各生产部门及班组应根据实际所需提出合理、准确的设备采购申请，采购部统计、审核各生产部门及班组的设备采购申请，制订设备采购计划。只有提高了设备采购计划的准确性，才能避免设备出现错购、漏购等现象，减少不必要的库存积压浪费等现象的发生。

2. 做好设备市场的调研与分析

设备市场受经济环境、国民经济发展及国际原材料价格状况等外部环境和国家产业政策取向、行业发展和结构调整等国家宏观调控的影响非常大。因此，设备管理人员必须对国家的宏观经济形势和影响设备采购的相关政策进行深入分析和预测，摸索材料价格的规律并以此作为指导设备采购的标准和依据。

在此基础上，设备管理人员还必须对设备及材料做好前期市场调研，并进行必要的分析和研究，计算出其原材料成本、人工成本、机械费用以及管理费用、税金等，运用成本管理的工具进行结构分解，写出较详细的成本分析报告，从而更好地指导设备采购工作。

3. 选择合理的采购方式和方法

设备招投标工作中主要运用最低评标价法、综合评分法、价值系数法等，并成立评标专家组，坚持以集中采购为主，针对不同设备采用公开招标、邀请招标、竞争性谈判采购、询价采购、定点采购等灵活多样的采购方式。因此要根据生产所需设备的规格和型号、材料质量要求和时间要求等，选择合理的采购方法方式。

4. 建立供应商评价准入制度

企业应成立供应商评价机构，制定供应商评价准入制度，建立完善的供应商评估指标体系，优化供应商选择机制；同时企业应整合供应商信息，搭建完备的供应商数据库，实现信息共享。企业只有建立严格的供应商准入和淘汰机制，才能提高设备采购决策的科学性，从而可有力地控制好设备采购成本。

5. 设备合同管理

设备合同管理是设备采购工作的核心部分。由于目前设备均由供应商提供，因此企业必须加强合同管理。依据合同的有关条款对供应商供货的主要设备的交货计划进行控制，对于入库的设备依据有关规定进行质量检验，班组长应配合设备管理人员做好原始记录和合同索赔的准备工作。同时，企业应完善合同整理和存档工作，对设备合同管理工作进行监管。

6. 加强专业设备管理人员培养

设备管理人员不仅包括设备采购、维修保养人员，还应包含企业各生产部门及班组的设备使用人员。企业应建立一支高素质、复合型、专业化的设备管理人才队伍，加强绩效管理，建立专业人员的选拔和培养机制，加大培训力度，全面提升设备管理人员的整体素质。

同时，企业应加强诚信教育和反腐倡廉工作，打造一支业务过硬、作风正派、廉洁高效的优秀设备采购管理团队，采购团队必须包含不少于一定数量的生产作业人员，以保证采购的设备符合生产的实际需求及要求，减小采购不合适设备的风险，节约采购成本。

3.2.4　劳动防护用品采购成本控制方法

劳动防护用品的采购成本控制可从劳动防护用品的申购、发放、使用、回收等几方面开展，具体如下所示。

1. 劳动防护用品的申购与采购控制

（1）劳动防护用品的申购及审批，必须严格遵照“劳动防护用品领用控制流程”执行。

（2）劳动防护用品由企业采购部负责购置，争取做到“零库存”管理。

（3）劳动防护用品的采购，必须遵循下列要求，如图3—3所示。

要求1

劳动防护用品的选购，尤其是特殊工种的劳动防护用品，如电焊工的绝缘鞋、电焊手套等，必须按规定到指定的劳动防护用品厂商处购买，以保证安全、可靠

要求2

劳动防护用品需按有关规定购买，其材质、式样、颜色应符合GMP规定要求和生产要求

图3—3　劳动防护用品采购遵循的要求

（4）临时性生产用劳动防护用品的申购，必须填写“临时采购通知单”，经班组长、采购部经理签字后方可采购。

（5）购进的劳动防护用品要办理入库手续，采购人员凭“入库单”及发票到财务部办理报销手续。

2. *劳动防护用品的发放控制*

（1）因特殊原因需要领用标准外劳动防护用品的，由班组长书面提出申请，说明用途，经行政部批准后，仓库方可发放。

（2）班组新员工的工作服、工作帽、口罩、手套等需要经常替换洗涤的用品，按本岗位标准发放两套（件），按两套（件）使用时间计算，以便替换。

（3）对从事多样工种操作的员工，按其岗位所需发放适合的劳动防护用品。

（4）仓库管理员根据生产人员劳动防护用品发放标准进行审核，确认符合标准后再发放。

（5）换发、领用劳动防护用品，应缴旧换新。劳动防护用品使用期满后，能使用的继续使用，不能使用的凭班组长核准签名的“劳动防护用品领用申请单”及旧劳动防护用品一起交给仓库管理员办理领用手续。

（6）对于特殊工种的劳动防护用品，其发放情况应由仓库管理员据实登记造册。

（7）班组员工可根据岗位变化享受相应的劳动保护权利。工种改变以后，班组员工可按新的工种标准领取劳动防护用品。

（8）下列人员，不予发放劳动防护用品，具体说明如图 3—4 所示。

3. *劳动防护用品的使用控制*

（1）员工必须爱护劳动防护用品，劳动防护用品的使用应在工作范围、工作时间内，不得另做他用。

（2）各区域的生产、工作人员需按规定穿戴符合 GMP 要求的工作服。

对于高温天气里未上班的人员不予发放防暑降温用品。如有多领或未上班而发放的，一经查实，将追究班组劳动防护用品领用人、班组长、仓库管理员的责任

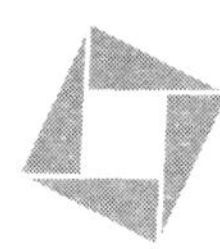

长期休病假、产假等未上班的人员不予发放。如有多领或未上班而发放的，一经查实，将追究班组劳动防护用品领用人、班组长、仓库管理员的责任

图 3—4　不予发放劳动防护用品的人员说明

(3) 员工在离开生产场地时，必须脱去工作服并换鞋，不得穿着工作服装走出生产区。

(4) 劳动防护用品的清洁必须按照安全生产卫生管理规定的清洗周期和清洗方法进行。由总务后勤部指定专人对劳动防护保用品的卫生情况进行检查，保证符合安全、卫生规定。

(5) 班组长、车间主任、质量监督员和工艺员应随时按安全卫生规定检查所辖范围人员的劳动防护用品穿戴是否符合规定、穿着的工作服是否符合卫生要求和标准，督促所辖人员严格执行，并有权按规定开立处罚单。

(6) 因违反劳动防护用品使用规定造成工伤事故的，不予报销医疗费，误工期作事假处理。

4. 劳动防护用品的回收管理

(1) 仓库管理员对回收的旧劳动防护用品，能继续使用的，应妥善保管好，继续发放使用；不能继续使用的，应定期进行销毁处理。

(2) 员工在本企业范围内调动或在本部门内变换工作岗位的，其劳动防护用品如适用，可继续使用不做更换；如不适用，需退回仓库，并按调整后的岗位标准另领所需劳动防护用品。

(3) 对于未达到使用期限，因人为原因造成破损、污迹的劳动防护用品，仓库不予回收，由员工个人按折后价格予以赔偿。

3.3 采购成本控制实务

3.3.1 采购成本控制流程

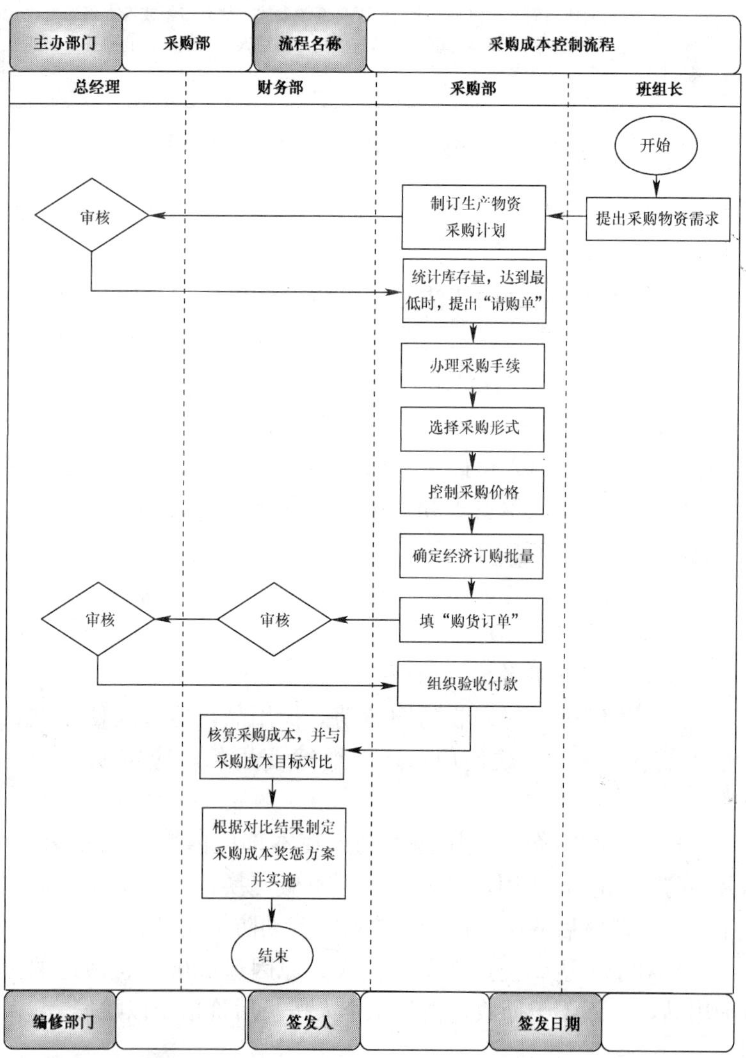

3.3.2　采购成本控制制度

<table>
<tr><td rowspan="2">制度名称</td><td rowspan="2">采购成本控制制度</td><td>编　　号</td><td></td></tr>
<tr><td>执行部门</td><td></td></tr>
</table>

第1章　总　　则

第1条　目的

为加强采购成本管理，降低采购成本消耗，提高公司的市场竞争力，现根据国家有关成本费用的管理规定，结合本公司实际情况，特制定本制度。

第2条　适用范围

各班组采购成本控制相关事项均须参照本制度办理。

第3条　采购成本控制的管理职责

1. 采购部经理具体负责指导、监督采购成本控制工作。
2. 采购部成本控制主管及专员负责采购成本具体控制工作。
3. 各生产班组需配合执行采购成本控制规定。

第2章　采购成本构成及控制要点

第4条　采购成本构成

采购成本包括维持成本、订货成本及缺料成本，具体说明如下表所示。

采购成本构成一览表

构成	说明	成本细分
维持成本	◇为维持物资的原有状态而发生的成本	◇资金成本、搬运成本、仓储成本、折旧及陈腐成本、保险费用、管理费用等
订货成本	◇为实现一次采购而进行的各种活动的费用	◇请购手续成本、采购价款、进货验收成本、入库成本等
缺料成本	◇由于物资供应中断而造成的损失	◇安全库存成本、延期交货成本、失销成本等

第5条　采购成本控制要点

公司采购成本控制包含对采购申请、计划、询价、谈判、合同签订、采购订单、物资入库、货款结算等采购作业全过程的控制。各生产班组应结合公司的具体情况明确采购成本控制关键点，具体如下所述。

1. 确定最优的采购价格。
2. 确定合理的采购订货量。

续表

制度名称	采购成本控制制度	编　　号	
		执行部门	

3. 采购付款控制。

第 3 章　采购计划控制

第 6 条　常备用料的采购计划由班组长根据采购申请、库存情况及用料需求计划制订，经采购部经理审核后报采购总监审批。

第 7 条　其他用料的采购计划由采购部计划主管根据各部门的采购申请制订，经采购部经理审核后报采购总监审批。

第 8 条　采购计划应同时报送财务部门审核，便于公司资金的安排。

第 9 条　采购部在实施采购的过程中，必须严格执行采购计划。若采购计划变更，必须由总经理签字确认后方可执行。

第 10 条　未列入采购计划内的物资一般不能进行采购。如确属急需物资，应填写"紧急采购申请表"，经公司总经理审批、采购部核准后方能列入采购范围。

第 4 章　采购价格控制

第 11 条　班组长实施物资采购时需填制"采购申请表"，"采购申请表"中的价格要严格执行财务部核定的物资采购最高限价。

第 12 条　采购方式包括招标采购、供应商长期定点采购、比价采购等。采购部应将各种采购方式进行对比，找出成本最低的采购形式组合，降低采购成本。

第 13 条　采购部在确定采购价格时，可遵循下图所示四个步骤进行。

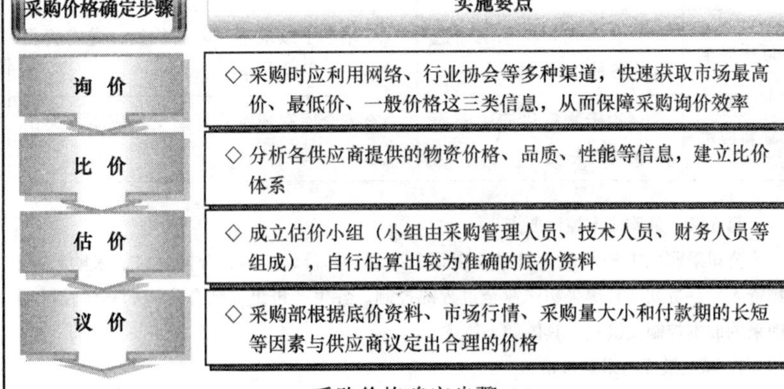

采购价格确定步骤

续表

<table>
<tr><td rowspan="2">制度名称</td><td rowspan="2">采购成本控制制度</td><td>编　　号</td><td></td></tr>
<tr><td>执行部门</td><td></td></tr>
</table>

第14条　如果实际物资采购价格低于最高限价，公司将予以经办人一定比例的奖励；如果实际采购价格高于最高限价，则必须获得财务部核价人员的确认和总经理的批准，同时给予经办人一定比例的罚款。

第5章　采购订货量控制

第15条　仓储部库管员每日填写物资库存日报表，反映现有存货物资的名称、单价、数量、储存位置、储存区域及分布状况等信息，并及时将此信息报送给采购部。

第16条　采购部应要求供应商或第三方物流的库存保管人员通过传真、电子邮件等方式，及时提供已订购物资的未达存货日报表。

第17条　采购部根据各部门采购申请制订采购计划时，应在充分研究同期的采购历史记录、下期的销售计划的基础上，协助物资计划人员确定最佳安全库存。

第18条　采购部协助仓储部根据物资采购耗时的不同及货源的紧缺程度等，借助历史经验估计、数学模型测算等方法确定安全库存量。

第19条　班组长在制订采购计划时，应在充分分析现有存货量（包括供应商或第三方物流的未达存货）、货源情况、订货所需时间、物资需求量、货物运输到达时间等因素的基础上，结合各种货物的安全存货量确定最佳订货量及订货时间。

第6章　采购入库及付款控制

第20条　相关人员办理采购物资入库时，必须同时满足以下两个条件，否则仓储部一律不予受理。

1. 到库物资符合采购订单要求。

2. 到货物资经质量管理部检验合格。

第21条　采购物资登记入账时，价格、质量、数量及规格型号须完全符合采购订单的要求。

第22条　支付物资采购费用时，必须同时满足以下三个条件，否则财务部一律不予付款。

1. 已经列入当期货币资金支出预算。

2. 双方往来账核对无误。

3. “付款申请单”已经财务部经理签字批准。

续表

制度名称	采购成本控制制度	编　　号	
		执行部门	

第 7 章　附则

第 23 条　本制度由采购部负责制定、修改和解释。

第 24 条　本制度自公布之日起执行。

编制人员		审核人员		批准人员	
编制日期		审核日期		批准日期	

3.3.3　采购成本控制方案

方案名称	采购成本控制方案	编　　号	
		执行部门	

一、目的

为了确保采购物资的高质量、低价格，达到降低物资采购成本、提高公司经济效益的目的，特制定本方案。

二、采购成本分析

（一）采购成本分析项目

采购成本分析就是对供应商提供的报价进行成本估计，逐项审查、评估，求证成本的合理性。成本分析包括以下几个方面，即直接材料成本、工艺方法、所需设备及工具、直接及间接人工成本、供应商行业利润等。

（二）采购成本分析条件

出现下列六种情形时，应进行采购成本分析，具体如下图所示。

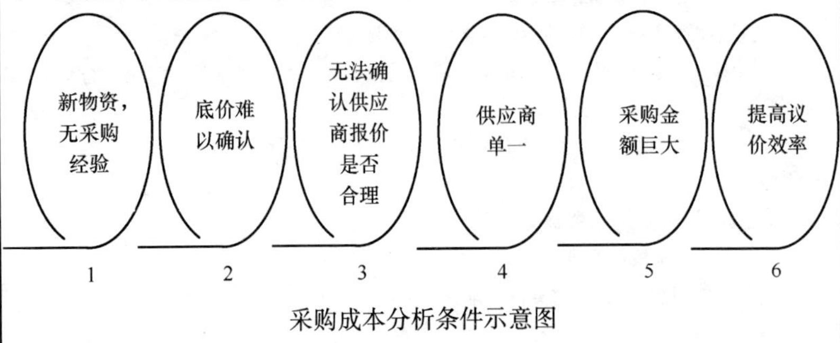

采购成本分析条件示意图

续表

方案名称	采购成本控制方案	编　　号	
		执行部门	

（三）采购成本分析步骤

1. 确认设计是否超过规格要求。
2. 检讨使用材料的特性与必要性。
3. 计算各方案的使用材料成本。
4. 提出改善建议并检讨。
5. 检讨加工方法及工程。
6. 选定最合适的设备、工具。
7. 作业条件的检讨。
8. 加工工时的评估。
9. 对制造费用、营销费用、利润空间进行压缩。

（四）采购成本分析注意事项

采购成本分析应注意以下事项，具体如下图所示。

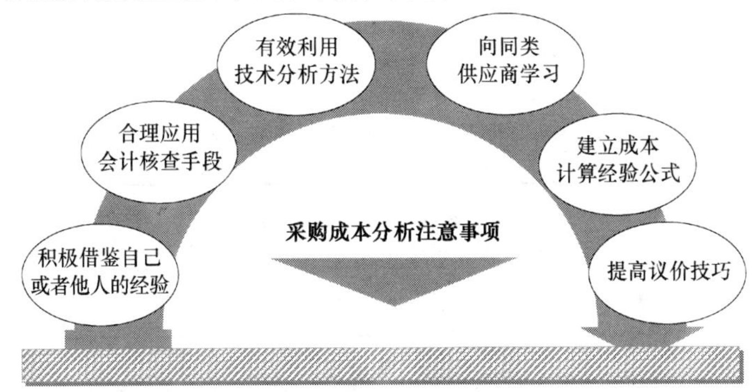

采购成本分析注意事项图

三、采购成本控制具体措施

最有效的采购成本控制措施就是降低采购物资成本，主要从以下 6 方面入手。

（一）进行物资分类，把握主要的控制方向

对物资进行分类，确定重点材料，并在询价、比价、谈判、验货等各个环节上加以控制，将物资的采购价格降到最低。

（二）选择合适的采购方式

公司应根据采购物资的种类及采购量，结合市场供应情况选择合适的采购方式，能

续表

方案名称	采购成本控制方案	编　　号	
		执行部门	

集中采购的不分散采购，尽量发挥联合采购的优势。

（三）公开采购，引入竞争机制

公司应当公开采购清单，广泛接触各厂家，使供应商之间形成竞争关系，有利于价格的下降。

（四）采购标准物资

标准物资因为制造量及供应量都较大，其价格都不会太贵，而定做价格会比较高，使采购成本上升。所以公司应尽量采购标准物资。

（五）规范采购价格审核工作

1. 明确报价依据。

（1）物资申请部门应提供物资规格说明书，作为采购成本分析的基础和供应商报价的依据。

（2）非通用物资的规格说明书，一般由供应商提供样品，经物资需求部门确认后予以报价。

2. 采购部对价格进行审核的过程如下图所示。

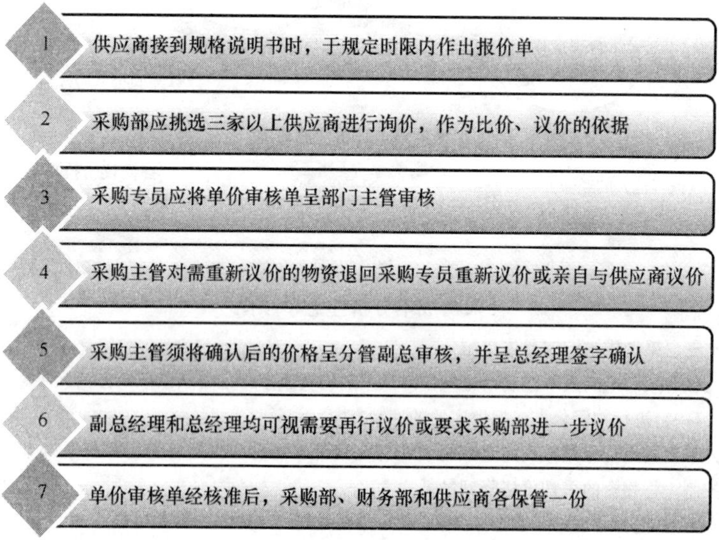

1 供应商接到规格说明书时，于规定时限内作出报价单

2 采购部应挑选三家以上供应商进行询价，作为比价、议价的依据

3 采购专员应将单价审核单呈部门主管审核

4 采购主管对需重新议价的物资退回采购专员重新议价或亲自与供应商议价

5 采购主管须将确认后的价格呈分管副总审核，并呈总经理签字确认

6 副总经理和总经理均可视需要再行议价或要求采购部进一步议价

7 单价审核单经核准后，采购部、财务部和供应商各保管一份

价格审核流程示意图

续表

<table>
<tr><td rowspan="2">方案名称</td><td rowspan="2">采购成本控制方案</td><td>编　　号</td><td></td></tr>
<tr><td>执行部门</td><td></td></tr>
<tr><td colspan="4">

3. 价格调整

采购价格调整的相关要求如下图所示。

价格调整要求

1 采购数量或频率有明显增加时，应要求供应商适当降低单价

2 为配合公司成本降低策略，采购部应每年就采购单价要求供应商配合予以降价

3 在同等价格、品质条件下，涨跌后采购应优先考虑与原供应商合作

4 物资单价涨跌的审核流程，同新价格审核流程

5 已核定的物资采购单价如需上涨或降低，应填制单价审核单，并重新上报审核

采购价格调整情况示意图

（六）加强采购管理

1. 公司内部应加强监督，对外向供应商申明本公司的采购政策和供应商管理政策。

2. 公司应对采购人员进行职业道德教育，采取一定的措施防止采购人员为了私利而损害公司利益。

</td></tr>
</table>

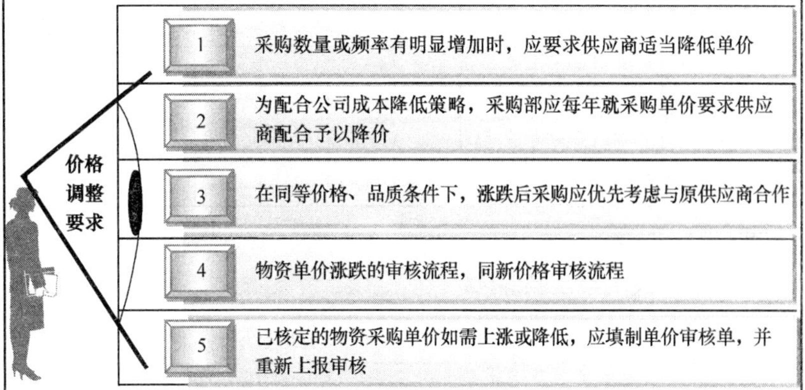

编制人员		审核人员		批准人员	
编制日期		审核日期		批准日期	

3.3.4 采购成本控制表单

1. 采购成本年度预算表

时间段：　　　　　　　　　　　　填报日期：　　年　月　日

物资名称	型号规格	班组	使用部门	第一季度		第二季度		第三季度		第四季度	
				数量	金额	数量	金额	数量	金额	数量	金额
合计											

制表人：　　　　　　　　　　　　审核人：

2. 采购成本季度预算表

时间段：　　　　　　　　　　　　填报日期：　　年　月　日

物资类别	物资名称	型号规格	__月份		__月份		__月份	
			采购量	成本额	采购量	成本额	采购量	成本额
原材料								
小计								
辅助材料								
小计								
生产设备								
小计								

续表

物资类别	物资名称	型号规格	__月份		__月份		__月份	
			采购量	成本额	采购量	成本额	采购量	成本额
办公耗材								
小计								
其他								
小计								
合计								

制表人：　　　　　　　　　　　　　　　　　　审批人：

3. 采购成本比较表

项目		本月		上月		本年累计		上年累计	
		金额	%	金额	%	金额	%	金额	%
原材料									
辅助材料									
其他物料									
采购费用支出									
成本合计									

4. 采购费用分配表

材料名称	人工费分配			运杂费分配			仓储费分配			合计
	分配标准	分配率	金额	分配标准	分配率	金额	分配标准	分配率	金额	
合计										

第4章　质量成本控制

4.1　质量成本控制内容

4.1.1　质量成本构成

质量成本是指企业为确保达到满意的产品质量而发生的费用，以及因没有获得满意的产品质量效果导致的损失。企业生产现场的质量成本控制的核心目的是降低生产现场的生产成本，提高企业的生产经济效益。

质量成本的构成如图4—1所示，班组重点需掌握的是预防成本、鉴定成本、内部损失成本和外部损失成本。

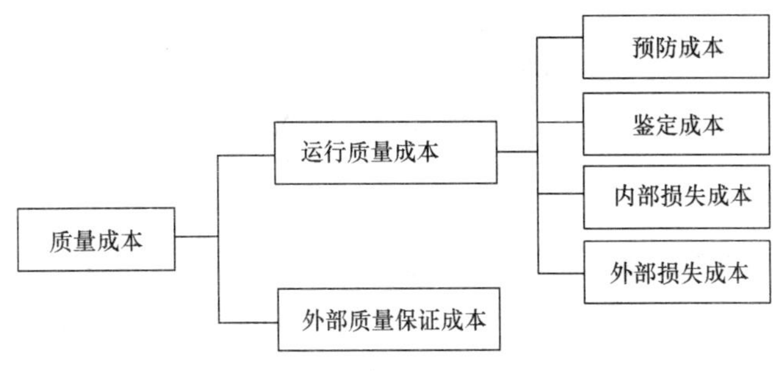

图4—1　质量成本构成图

1. 预防成本

预防成本是指企业为了保证产品质量达到规定的标准或提高产品质量，防止产品质量水平低于某一所需水平而开展的预防活动和采取的各种预防措施所发生的费用。其目的是使故障成本和鉴定成本降到最低。预防成本包括的内容见表4—1。

表 4—1　　　　　　　　　**预防成本的内容**

预防成本项目	具体说明
质量计划工作费	◆为开展质量管理活动所发生的一切费用，包括：制定质量手册、程序文件等质量文件发生的费用；品质部所发生的办公费
质量培训费	◆为达到质量要求或改进质量的目的，提高班组职工的质量意识和质量管理的业务水平，进行培训所支付的费用
质量改进措施费	◆为保证或改进产品质量所支付的费用，如购买设备、工具等所发生的费用
质量评审费	◆对本班组产品质量审核、质量体系评审、新产品投产前进行质量评审所支付的费用，如质量体系认证审核费、新产品评审费等
质量奖励费	◆班组员工或质量管理小组的质量奖等用于质量工作（包括节能、安全）的奖金
质量信息费	◆质量信息的收集、整理、分析和反馈所需的费用
工序能力研究费	◆为使产品符合质量要求，而对工序能力进行调研及保持工序能力采取相关措施所发生的费用
工资及福利费	◆从事质量管理人员的工资总额及相关福利费

2. 鉴定成本

鉴定成本是指产品在第一次验收合格的情况下，对原材料、零部件和成品进行质量检验的费用。鉴定成本主要包括以下内容。

（1）进货检测试验费。主要是对进厂的原材料及生产过程中的半成品、成品按质量标准进行试验、检验所发生的费用。

（2）工序检验测试费。即对制造过程中的零部件或产品所进行的检验或实验费用。

（3）产品质量评审费用。即确定出厂产品质量等级的评审费用。

（4）检测设备费。即检测设备的购置、维护保养、检定校准所发生的费用，以及检测设备因使用而发生的折旧费。

（5）材料消耗和劳务费。即进行破坏性试验时消耗的材料费及劳务费。

（6）测定库存产品的费用。即审核或检查库存产品是否有损坏变质或需降价处理所用的试验或检查费用。

3. 内部损失成本

内部损失成本是指生产产品过程中，由于产品本身的缺陷所造成的经济损失和处理缺陷品花费的费用的总和。具体内容如图 4—2 所示。

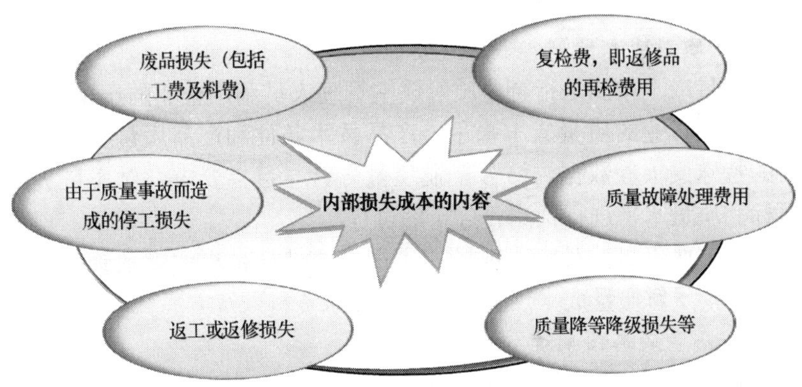

图 4—2 内部损失成本的内容

4. 外部损失成本

外部损失成本又称为外部故障成本，是指产品出厂后，在客户使用过程中，由于产品质量缺陷或故障而引起的一切费用的总和，如保修、保退、撤销合同以及有关质量的赔偿、诉讼费用等。具体内容见表 4—2。

表 4—2 **外部损失成本的内容**

外部损失成本的内容	说明
索赔费	◆由于产品质量缺陷，经用户提出申诉而进行赔偿处理所发生的费用，如索赔赔偿费、诉讼费等

续表

外部损失成本的内容	说明
退货损失费	◆由于产品质量问题而造成的退换货所造成的损失费，如退回产品净损失、运输费、包装费等
保修费用	◆根据保修合同规定或于保修期内，对客户提供修理服务所发生的一切费用
折价损失	◆因客户接受低于标准的产品而承担的折扣让价费用，包括因产品降级出售而损失的收益

4.1.2 质量成本预测

质量成本预测是指企业质量成本管理人员利用企业的历史资料，国内外同行业的质量成本水平、产品技术条件和产品质量要求、用户的特殊要求等数据，结合企业质量方针与目标要求，对质量成本目标和质量水平进行预测、分析的过程。

为方便班组长对生产现场的质量成本进行初步估算和管理，班组长需要了解质量成本预测的对象、需求资料以及方法。

1. 质量成本预测对象

质量成本预测对象一般为预防成本、鉴定成本、内部损失成本和外部损失成本四项质量成本基本项目。

2. 质量成本预测需求资料

为保证质量成本预测的准确性，质量成本预测人员在班组长的协助下，收集企业质量成本管理的各种历史数据和资料，对其进行分析以推断出质量成本的各种可能性。质量成本预测的主要需求资料如图 4—3 所示。

3. 质量成本预测方法

质量成本预测方法主要包括经验判断法、比例测算法、计算分析法三种方法，质量成本预测人员在预测质量成本时，应根据具体情况选择合适的方法。各种质量成本预测方法的适用情况如图 4—4 所示。

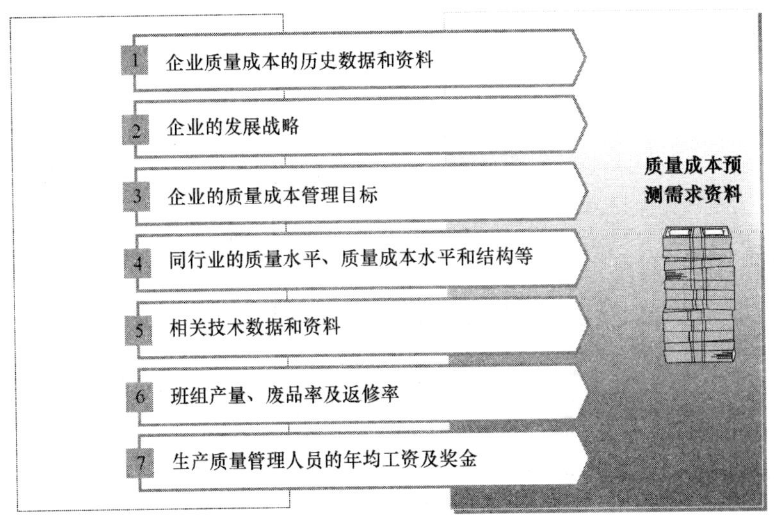

图 4—3 质量成本预测需求资料

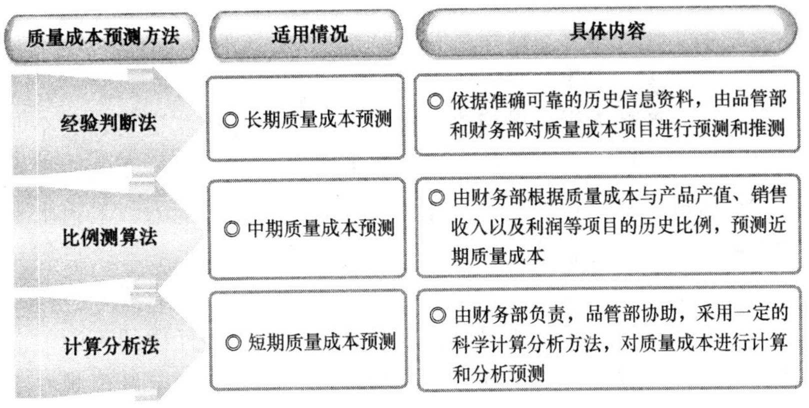

图 4—4 质量成本预测方法适用情况对照图

4.1.3 质量成本计划

质量成本计划是实施质量成本管理的依据，通过编制质量成本计划，达到企业的经营计划、质量改进计划以及产品成本相协调的目的。质量成本计划的编制程序如图 4—5 所示。

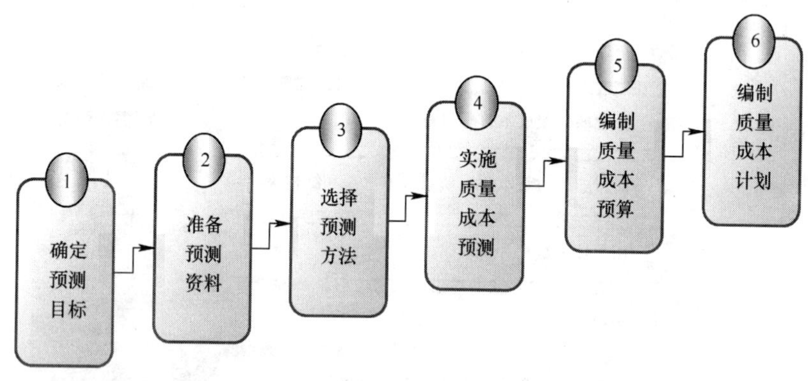

图 4—5 编制质量成本计划的程序

具体质量成本计划编制各步骤的说明如下所示。

1. 确定预测目标

根据企业的质量目标和发展规划等要求确定质量成本预测目标。

2. 准备预测资料

企业生产部进行质量成本预测时，要准备好预测资料，如企业质量成本的历史数据，企业质量方针和质量目标，同行业的质量水平、质量成本水平和结构，企业的产品结构、生产能力、工艺水平和设备资料的变化情况等。

3. 选择预测方法

生产部以及财务部根据质量成本预测的内容和性质的不同，选择合适的预测方法，预测方法可分为定性预测方法和定量预测方法两类。

（1）定性预测方法。按照个人知识和经验对质量成本进行预测，比如个人主观预测法、群体讨论法以及德尔菲法等。

（2）定量预测方法。建立数学模型对质量成本进行预测，比如水平对比法、变动趋势分析法、时间序列分析法、平均值法、移动平均法、因果分析法以及目标预测法等。

4. 实施质量成本预测

生产部选择适合本部门特点的预测方法进行质量成本预测，在必要时，可以对预测方法进行改进。在预测完成后，预测人员应对预测结果进行验证和分析，提高预测的精度。

5. 编制质量成本预算

(1) 生产部相关人员根据质量成本预测的结果，再结合本部门的工作计划，编制本部门的质量成本预算，并及时提交品管部。

(2) 品管部根据企业质量成本预算目标以及预算编制要求，汇总和协调生产部的质量成本预算，并上交财务部。

(3) 财务部根据企业年度预算，核实品管部上交的质量成本数据，编制企业整体质量成本预算。

6. 编制质量成本计划

质量成本计划的主要内容一般包括企业产品质量成本计划、总质量成本计划、质量成本构成计划、质量费用计划及实施质量成本计划的措施等。

4.1.4　质量成本分析

班组长在生产现场质量成本管理工作中，为了便于对生产现场质量成本管理的薄弱环节进行初步判定，应详细了解质量成本分析的内容和方法。通过质量成本分析提供产品质量和质量控制的数据与信息，降低生产现场的质量成本及减少各种资源的浪费。

1. 质量成本分析方法

质量成本分析方法主要包括比率分析法，趋势分析法、排列图分析法及比较分析法四种方法，具体内容如图 4—6 所示。

2. 质量成本分析内容

质量成本分析内容主要包括对质量成本计划完成情况的分析、质量成本总额的分析、质量成本结构的分析以及质量成本典型事件的分析，其具体内容见表 4—3。

方法	具体内容
比率分析法	◎通过质量成本指标变动程度，把某些相关联的质量指标加以对比，计算出比率 ◎常用的比率有预防成本、鉴定成本、内外损失成本占质量成本总额的比例；产品总成本、利润、销售收入总额等的比率
趋势分析法	◎掌握质量成本在一定时期内的变化趋势，分为短期趋势分析和长期趋势分析，可采用表格法和作图法两种形式
排列图分析法	◎根据不同的分析目的，对质量缺陷进行分析，然后按数值大小排列，找出主要问题，或进行深入追踪分析，直到找出真正问题
比较分析法	◎将质量成本和实际运行结果或质量成本指标完成情况，与计划指标相比、与上下期相比、与基期指标相比，以揭示质量成本各项指标数量上的增加变化的一种方法

图 4—6　质量成本分析方法说明

表 4—3　　质量成本分析内容说明表

质量成本分析内容	具体说明
质量成本计划完成情况	在质量成本计划完成情况分析时，要遵循三个要求，具体如下所示： ①按照质量成本科目进行分析，以了解质量成本的增减情况 ②按照部门和车间进行分析，发现各部门和车间在质量成本管理方面的差异 ③按照产品进行分析
质量成本总额	按时核算本期的质量成本总额，并将其与上期质量成本总额以及计划目标值进行比较，判断质量成本的变化趋势，找出变化原因和变化趋势，以便为质量成本相关决策提供依据。质量成本总额计算公式如下： 本期的质量成本总额＝预防成本＋鉴定成本＋内部损失成本＋外部损失成本

续表

质量成本分析内容	具体说明
质量成本结构	通过对质量成本结构的分析可以判断质量成本构成项目之间的比例关系及其适应性，具体构成项目分析如下所示： $预防成本占总成本的比例=\frac{预防成本}{质量成本总额}\times100\%$ $鉴定成本占总成本的比例=\frac{鉴定成本}{质量成本总额}\times100\%$ $内部损失成本占总成本的比例=\frac{内部损失成本}{质量成本总额}\times100\%$ $外部损失成本占总成本的比例=\frac{外部损失成本}{质量成本总额}\times100\%$
质量成本典型事件	质量成本典型事件分析是指由于发生了重大质量事故或设备事故，使质量成本的完成情况与计划相比发生了较大的差异，分析这些差异的主要目的是找到问题发生的原因，以便采取相应的措施，避免问题的再次发生

3. 质量成本分析步骤

质量成本分析步骤主要包括质量成本数据的收集、核算、分析等。班组长在对质量成本控制工作行之有据的同时，更应兼具科学性。质量成本分析步骤如图4—7所示。

4.1.5　质量成本核算

企业将质量成本核算纳入会计核算体系中，通过质量成本核算体系的设置与应用，既有利于与责任成本体系的结合，又有利于考核质量成本管控情况，保证质量成本核算工作的运行。

班组长在生产现场实际管理过程中，应了解质量成本的核算内容，以便了解质量成本的控制重点，并根据实际经验提出相应质量成本改进建议。

财务部单独设置“质量成本”一级科目，在此一级科目下设置“预防成本”“鉴定成本”“内部损失成本”“外部损失成本”四个二级科目，在二级科目下再设置若干明细科目来组织质量成本核算的

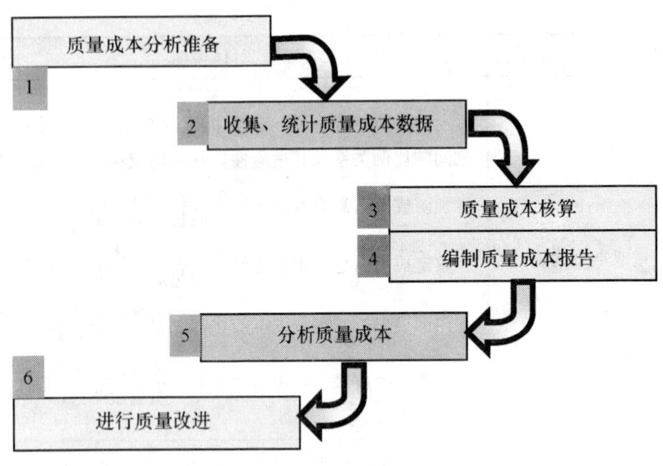

图 4—7 质量成本分析步骤

体系。生产班组成员对这一成本核算体系应做到了然于胸，以便开展日常工作质量成本控制管理。质量成本核算的具体会计科目见表4—4。

表 4—4 质量成本核算科目表

一级科目	二级科目	三级科目	费用明细
质量成本	预防成本	质量培训费	主要包括顾问师授课费、培训教材费、文具、资料费
		质量管理活动费	主要包括品质部办公费、质量管理资料费、质量审核费、质量奖励费、质量管理咨询费
		质量改进措施费	主要包括产品质量改进费和设备、工具购置费
		质量评审费	主要包括质量体系认证审核费、产品质量审核费、新产品研发费
		工资及福利费	主要包括质量管理人员工资及福利费

续表

一级科目	二级科目	三级科目	费用明细
质量成本	鉴定成本	检测试验费	主要包括工序检验费及材料、半成品、成品的检验费
		质量检测科办公费	主要包括质量检测科办公费
		工资及福利费	主要包括质量检测人员工资及福利费
		检测设备费	主要包括检测设备购置费，检测设备检定、校准费，检测设备折旧费
	内部损失成本	废品损失费	主要为报废损失费
		返工损失费	主要包括返工工时费、材料费、复检费等
		停工损失费	主要为停工损失费
		质量事故处理费	主要为质量事故处理费
	外部损失成本	索赔费	主要包括索赔赔偿费和诉讼费
		退换货损失费	主要包括退货和换货损失费、保修费、折价损失费

4.1.6　质量成本考核

质量成本考核是在质量成本核算和分析的基础上，对班组长执行质量成本计划的结果进行考核、审批和评价的活动过程。通过对班组长进行质量成本考核，使质量成本管理与责任者的责、权、利相结合，通过实施奖惩，调动员工的积极性，实现降低质量成本、增加效益的目的。

1. 质量成本考核的范围

质量成本考核主要包括对生产车间、班组、工人的质量考核，具体范围如图 4—8 所示。

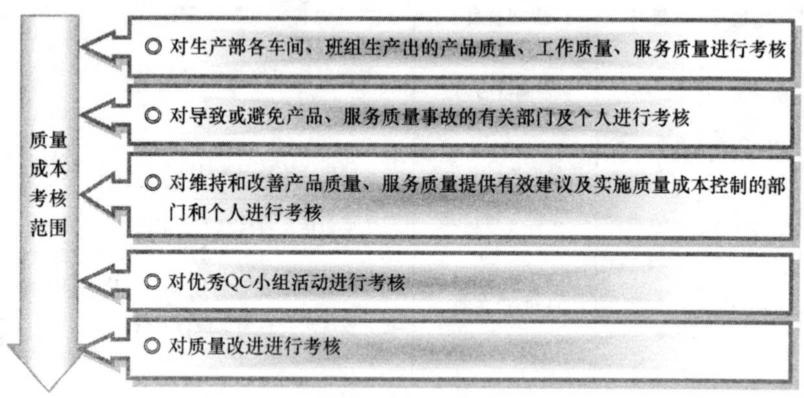

图 4—8　质量成本考核范围

2. 质量成本考核的方法

通常情况下，质量成本考核的方法包括定性考核法、定量考核法、定性与定量相结合的方法以及质量否决法。具体的运用见表 4—5。

表 4—5　　质量成本考核方法运用一览表

考核方法	运用说明
定性考核法	依靠一定的参数对班组质量成本进行评价，有多位考核人员，采用投票、评议等方法进行考核，并规定相应的考核分值、标准、指标等
定量考核法	以下达的班组质量成本计划指标作为标准，将实际完成的质量成本值与计划值比较进行考核，确定是否完成质量成本计划指标及完成情况
定性与定量相结合的方法	同时使用定量考核与定性考核法是质量成本考核常用的手段，根据制定好的质量成本考核办法，做出量化的考核指标

续表

考核方法	运用说明
质量否决法	质量否决法主要包括 PQC 法和质量系数法两种 ①PQC 法是以产品、质量和管理得分之积来决定考核结果的，其中，P 为工作量完成情况得分；Q 为质量情况考核得分；C 为管理或效益情况得分。通常情况下，P、Q、C 可以用系数的方式表示，系数取值为 $0<P<1$，$0<Q<1.2$ 或 1.2 以上，$0<C<1$ ②质量系数法是给质量系数 Q 乘以经济责任制考核中其他项目的得分来决定考核奖励的方法，其表达公式为：当月考核奖励=$Q\times(A+B+C+\cdots)\times$应提奖励，其中 $(A+B+C+\cdots)$ 表示除质量以外其他项目的考核得分；Q 为质量系数，随质量好坏而变动

4.2 质量成本控制方法

4.2.1 预防成本控制方法

预防成本主要包括质量培训费、质量改进费、质量评审费等费用。各项费用的成本控制措施如下所示。

1. 质量培训费控制

质量培训费是指企业为达到质量要求或改进质量的目的，提高员工的质量意识和质量管理服务水平，开展培训所发生的费用支出。

班组长在对质量培训费进行控制时，应遵循“先预算、后使用，先审批、后执行”的原则，在明确本班组质量培训计划后，对支出费用进行预算，待人力资源部批准后方可执行。

2. 质量改进费控制

质量改进费用是指企业为保证或提高产品质量、调整生产工艺、开展工序控制等所支付的费用，主要包括购置相关改进设备、产品创优、整顿现场质量的质量技术改进措施的费用。

班组长对质量改进费进行控制时，应先找出影响质量改进费用高低的因素，针对存在的问题，采取相应的控制措施，提高产品质量，降低因产品质量问题造成的损失。

3. 质量评审费控制

质量评审费是指企业用于产品质量审核和质量体系评审工作的费用，以及在新产品投产前进行质量评审所支付的费用。

进行质量评审之前，班组长应协助质量评审人员对前期已发生的评审咨询费用和本次评审目标、范围进行调查，制定评审费用预算，根据财务部相关规定报批。班组长对质量评审费用的控制，能够有效地控制企业资源浪费和质量评审费用的不合理支出。

4.2.2 鉴定成本控制方法

鉴定成本主要包括重复检测费、检测设备购置费、检测设备校验费等费用。各项费用的成本控制措施如下所示。

1. 重复检测费控制

生产线或产品出现品质异常时，班组长为了筛选良品、保证返工返修后的产品达到质量标准，阻止不良品流出或交付使用，应立即查明出现异常的原因，协助品管部安排再次或多次检测，而开展这些工作的过程中便会产生重复检测费用。

为了避免无效的重复抽检或全检，防止由于不合理的再检、多次检测造成的不必要人力、物力的浪费，班组长应协助品管部采取如图 4—9 所示的控制措施。

2. 检测设备购置费控制

检测设备是检验产品是否符合实际、技术要求的重要工具和条件。班组长在控制检测设备购置费时应根据企业实际情况选购适合的检测设备，并进行合理规范的操作和使用，避免检测设备过度损耗，导致二次购置费的上升。

班组长对检测设备购置费的控制措施如下所示。

（1）严格控制检测设备的购置，采购适当精度的设备，最大程度地杜绝设备购置费的浪费。

1. 大批量的原材料的检测标准未经清晰界定或出现信息缺位时，应谨慎实施产品的全检

2. 产品异常信息不明确、不充分时，尽量选择抽检，加快确认异常信息的进度

3. 发生大规模检验时，应对所有检验人员统一指挥，明确良品和不良品的区分

4. 当返工方案不确定时，尽量选择小批量试验以求短时间内明确作业方案之后，再对其余产品进行返工返修

图 4—9　重复检测费控制措施

（2）做好检测设备的维护保养，降低检测设备的修缮费用，达到节约使用检测设备、避免产生更多不必要的设备购置费用。

3. 检测设备校验费控制

班组长要定期或不定期地对检测设备进行校验，以确保产品质量数据和信息的准确性、可靠性。检测设备校验费主要包括两大部分内容：一是校验工具的购置费、维护保养费等；二是校验的人员费、办公费等。

班组长对检测设备校验费的控制措施如图 4—10 所示。

1　◎ 加强校验仪器的采购控制。班组长根据检测设备的特性、数量和需求校验的频率等因素，为仪校部门提供购置校验设备相关信息

2　◎ 加强检测设备的使用培训与指导。班组长在仪校部门的指导下，对使用人员予以指导或培训，防止错误操作或野蛮操作造成检测设备损坏，形成非预期的校准费用

3　◎ 合理计划校验费用。班组长根据“校验作业指导书”，确定校验周期，并确保周期性检定和校准可以覆盖所有需要检验的检测设备，以达到有效利用校验费的目的

图 4—10　检测设备校验费控制措施

4.2.3 内部损失成本控制方法

内部损失成本主要包括废品损失费、返工返修费、停工损失费等费用。各项费用的成本控制措施如下所示。

1. 废品损失费控制

废品损失费主要是指因成品、半成品、在制品达不到质量要求且无法修复或在经济上不值得修复造成报废所损失的费用，以及外购元器件、零部件、原材料在采购、运输、仓储、筛选等过程中因质量问题所损失的费用。

为了降低生产和周期中的产品损耗，有效控制废品损失费，班组长应根据形成废品损失的原因，从以下 6 个方面制定控制措施，具体如图 4—11 所示。

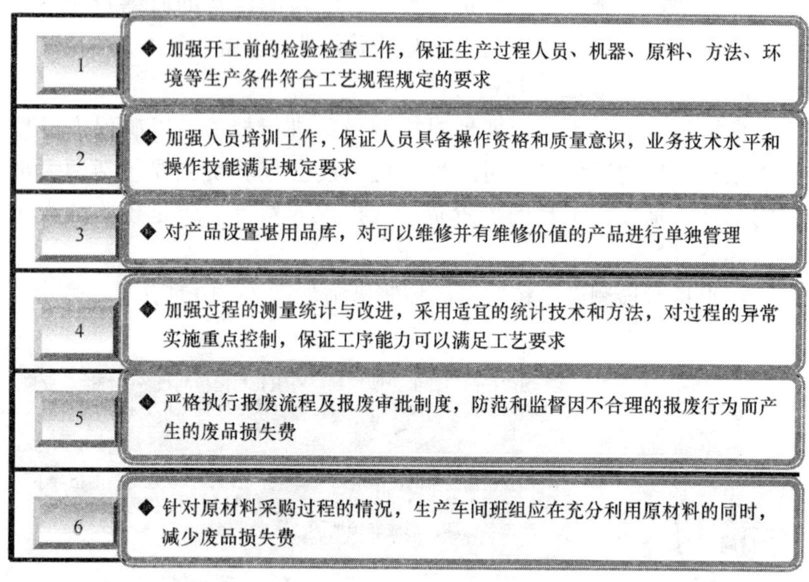

图 4—11　废品损失费控制措施

2. 返工返修费控制

返工返修费是指为修复不合格产品并使之达到质量要求所支付

的费用，包括返工返修所消耗的人工费用及使用的原材料费、燃料动力费等。

班组长对返工返修的来源进行分析后，可制定以下 4 个方面的控制措施，如图 4—12 所示。

◎ 新产品通过设计验证后、量产之前，企业应组织品管部以及生产车间班组的相关人员对试产流程进行全方位监控，全程探察不良品的相关信息，减少量产后大量产品发生返工返修的可能

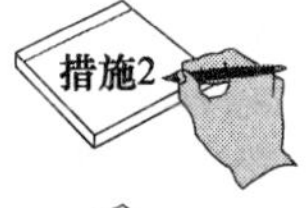

◎ 生产车间班组和品管部严格执行生产自检和制程检验规范，防止不良品的继续增加，缩小产生返工返修费的范围

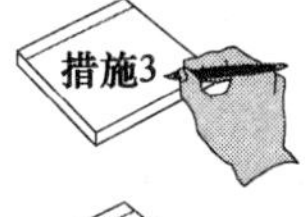

◎ 改善产品防护措施和产品储存环境，降低此类可改善的差错导致损失的可能性

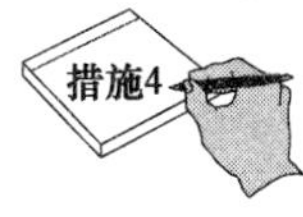

◎ 生产车间班组长应对维持可接受范围内的人为错误、材料品质问题、设备出错问题、发生的事故进行记录和定期整理，降低出现大批量返工返修的可能性

图 4—12　返工返修费控制措施

3. 停工损失费控制

停工损失费是指企业在生产过程中因质量问题造成停工而损失的费用，具体包括生产车间或车间内班组停工期间损失的净产值，以及停工期内发生的各项费用。

为了有效控制各种异常现象对生产线的危害，降低停工损失的发生频率和减小停工损失的额度，班组长应从以下 7 个方面制定控制措施，具体如图 4—13 所示。

4.2.4　外部损失成本控制方法

外部损失成本主要包括退货损失费、折价损失费、质量索赔费等费用。各项费用的成本控制措施如下所示。

1. 退货损失费控制

退货损失费是指交付产品后，由于质量问题、替代品竞争、客

图 4—13　停工损失费控制措施

户自身原因等造成客户退货、换货给企业造成的收入损失及其支付的全部费用。

班组长应从以下 3 种控制措施入手，逐步减少和控制退货损失费的产生。

（1）班组长应加强产品质量检验，把好产品生产质量关，及时、有效地进行质量检验，确保在产品未进入流通领域前发现产品的质量缺陷，减小退货的可能。

（2）班组长应严格执行质量问题处理流程，借助企业的信息管理系统，对确定或怀疑是批量性质量问题的产品，及时实施停止出货或召回等应急措施，防止将更多不良品外流而带来的损失。

（3）严格执行退货管理制度，在出现问题时对客户的退货做出快速反应，提升公司在客户心目中的形象，降低退货管理成本，减少已发生的和未来的退货损失。

2. 折价损失费控制

折价损失费是指企业因产品存在轻微缺陷而未达到规定的质量等级，或产品的主要性能未达到相应的质量要求而在销售过程中需折价处理所损失的费用。根据降级的具体幅度可以将折价损失分为严重损失和轻微损失。

为了减少产品折价给企业带来的经济损失，销售部与生产部人员需要对产品质量存在的问题进行沟通和讨论，针对客户要求对后续工作做出生产调整，利用特殊处理或专门生产方式，确保后续产品能够符合客户要求，避免再次发生降级的可能以及折价损失费的产生。

3. 质量索赔费控制

质量索赔费是指产品出厂后，因产品质量未达到标准，对客户的生产、生活、人身造成伤害或不良影响，而对客户提出的申诉进行赔偿、处理所支付的费用，包括支付客户的赔偿金，上交相关机构的罚金、赔偿处理费以及应诉所发生的差旅费、诉讼费等。

质量赔偿费的控制措施主要有 3 个方面，具体如图 4—14 所示。

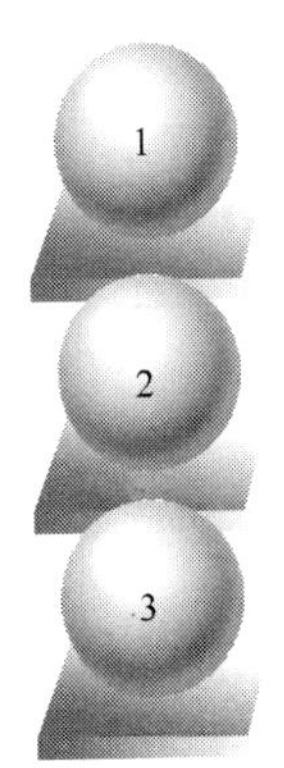

图 4—14　质量索赔费控制措施

4.3 质量成本控制实务

4.3.1 质量成本控制流程

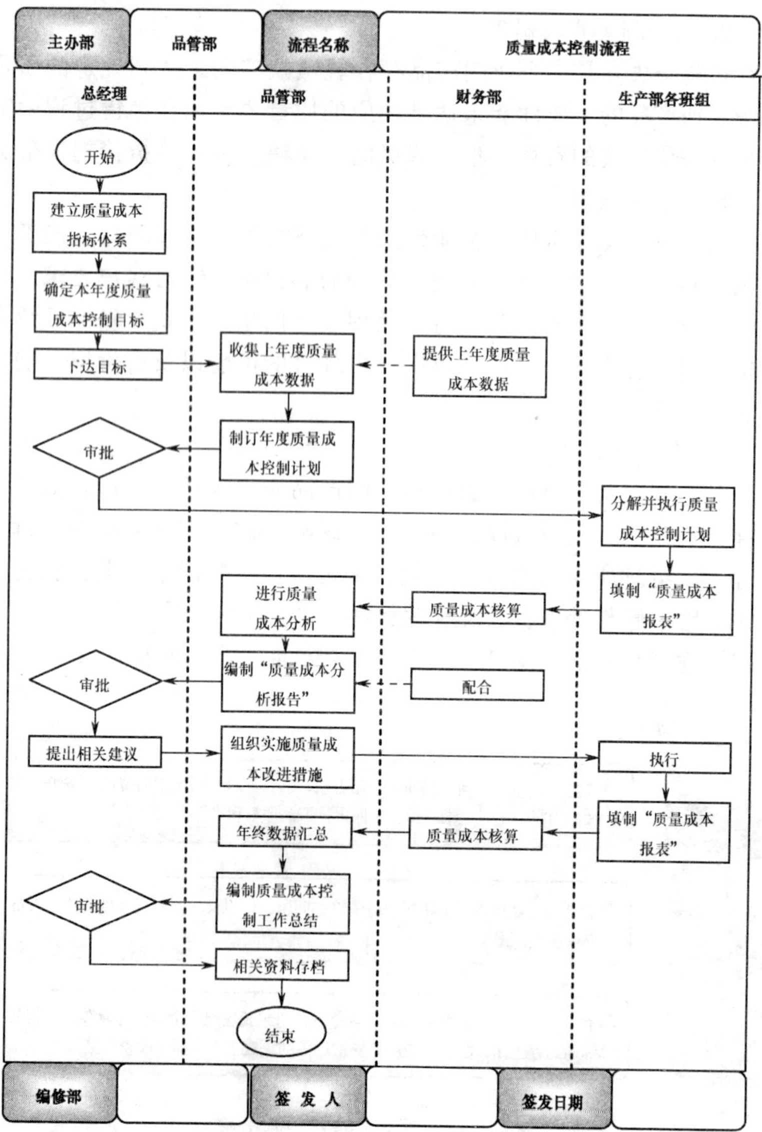

4.3.2　质量成本控制制度

<table>
<tr><td rowspan="2">制度名称</td><td rowspan="2">质量成本控制制度</td><td>编　　号</td><td></td></tr>
<tr><td>执行部门</td><td></td></tr>
<tr><td colspan="4">

第1章　总　　则

第1条　目的

为了达到以下目的，结合公司内外部实际情况，特制定本制度。

1. 规范质量成本的管理工作，加强对质量成本的形成和发生的控制。

2. 确保产品质量的前提下，降低生产成本，提高资金利用效率。

第2条　范围

本制度适用于公司质量成本的管理与控制工作，具体包括质量成本的形成、使用及对质量成本管理效果的考核等事项。

第3条　职责权限

1. 品管部管理职责。

(1) 每月根据要求提供生产部门及本部门的有关质量成本数据，定期上报财务部。

(2) 负责对质量成本进行综合分析。

(3) 根据质量成本综合分析结果，制定相应的质量成本改进措施，送生产部门实施。

2. 财务部管理职责。

每月会同品管部对生产部门质量成本进行分析，及时向领导和生产部提供分析报告和有关资料。

3. 生产部管理职责。

每月根据要求提供本部门的质量成本数据，定期上报品管部。

第2章　质量成本控制计划

第4条　质量成本预测

1. 确定预测目标，品管部根据质量目标和发展规划等要求确定质量成本预测目标。

2. 预测资料准备，包括质量成本的历史数据、发展战略、质量目标、同行业的质量水平与质量成本水平和结构、可以选择的质量成本管理方案等。

3. 选择预测方法，包括经验判断法和计算分析法。

4. 实施预测，品管部应用预测方法进行质量成本预测，分析、确认预测结果并处理相关问题。

第5条　制订质量成本控制计划

1. 品管部根据成本预测结果制订成本控制计划，质量成本控制计划应与公司整体业务计划相协调，并成为业务计划的一部分。

</td></tr>
</table>

续表

<table>
<tr><td rowspan="2">制度名称</td><td rowspan="2">质量成本控制制度</td><td>编　号</td><td></td></tr>
<tr><td>执行部门</td><td></td></tr>
</table>

2. 质量成本控制计划是在预测的基础上，用货币量形式规定当生产符合质量要求的产品时，所需达到的质量成本费用计划，包括质量成本总额及其降低率、四项质量成本的构成比例、保证实现计划的具体措施等。

3. 质量成本控制计划的具体内容如下表所示。

质量成本控制计划的内容说明

内容	内容细分
数据部分	1. 质量成本总额和质量成本构成项目的计划和目标 2. 主要产品（产品质量成本对整体效率的影响程度较大）的质量成本控制计划 3. 质量成本结构比例计划 4. 各责任部门的质量成本控制计划 5. 质量费用计划，反映计划期质量费用水平情况
文字部分	1. 各职能部门在计划期所承担的质量成本控制责任和工作任务 2. 各职能部门质量成本控制重点 3. 开展质量成本分析，实施质量成本改进计划的工作程序说明

第 6 条　质量成本控制目标

1. 质量管理成本总额一般不超过销售总额的 2%。

2. 预防成本占质量成本总额的 0.5%～5%。

3. 鉴定成本占质量成本总额的 10%～50%。

4. 内部损失成本占质量成本总额的 25%～40%。

5. 外部损失成本占质量成本总额的 20%～40%。

第 3 章　质量成本控制

第 7 条　质量成本控制内容

质量成本控制的具体内容如下表所示，但不限于如下内容。

续表

<table>
<tr><td>制度名称</td><td rowspan="2">质量成本控制制度</td><td>编　　号</td><td></td></tr>
<tr><td></td><td>执行部门</td><td></td></tr>
</table>

质量成本控制内容一览表

控制事项分类	详细说明
预防成本费用	◇为减少质量损失和检验费用而发生的各种费用 ◇主要包括质量计划和管理费用，质量培训费，质量奖励费，质量评审费，质量改进费，质量管理人员工资与福利费
鉴定成本费用	◇按照质量标准，对原材料、半成品及产成品的质量进行测试、评定和检验所发生的各项费用 ◇主要包括检测试验费，行政办公费，检测设备维修、校验和折旧费，人员培训费，检测和计量人员的工资、福利及奖金
内部损失成本费用	◇产品出厂前由于发生品质缺陷而造成的损失，以及为处理产品的品质缺陷所发生的费用 ◇主要包括废品损失，停工损失，事故分析处理费，返修损失，产品降级损失，复检费用
外部损失成本费用	◇产品出售后因质量问题而产生的一切损失和费用 ◇主要包括索赔费用，退货损失，保修费用，产品降价损失，诉讼费用，缺陷产品召回费

第8条　各阶段质量成本控制措施

为实现质量成本控制的目标，公司应按实际需求选择合适的质量成本控制措施。具体的质量成本控制措施见下表。

续表

制度名称	质量成本控制制度	编　　号	
		执行部门	

各阶段质量成本控制措施说明表

分类标准		控制措施说明
按照生产流程划分	产品策划阶段质量成本控制	◇质量成本管理人员与财务部人员均参与其质量管理工作，及时发现设计上的缺陷，并进行修正与更正，避免不必要的损失，班组长应积极提供参考意见
	产品开发设计阶段质量成本控制	◇产品设计开发前进行充分的调研和可行性分析 ◇合理把握产品结构的工艺，采用生产用的零部件 ◇充分考虑产品的可维修性和容差的合理性 ◇严格试制和试验产品的质量检验，发现问题及时改正 ◇对试制样品进行工艺评审，发现问题及时改善
	制程质量成本控制	◇制定明确的工作标准和操作规范，以减少缺陷产品 ◇加强对生产管理人员和生产作业人员的操作和质量管理培训 ◇加强对生产过程中产品的质量检验
	销售过程质量成本控制	◇制定销售服务阶段产品的服务要求和服务标准 ◇在提供及时、满意的服务水平的基础上降低无效支出

续表

<table>
<tr><td>制度名称</td><td colspan="2">质量成本控制制度</td><td>编　号</td><td></td></tr>
<tr><td></td><td colspan="2"></td><td>执行部门</td><td></td></tr>
<tr><td colspan="2">分类标准</td><td colspan="3">控制措施说明</td></tr>
<tr><td rowspan="3">按照质量成本控制内容划分</td><td>质量成本目标控制</td><td colspan="3">◇确立质量成本控制目标，并将质量成本目标分解成质量控制的具体指标，从而进行质量成本控制</td></tr>
<tr><td>质量成本责任控制</td><td colspan="3">◇按照质量产生的原因和相关责任，按照部门、车间、班长和工序等进行责任分配，明确产品质量成本控制主体的责任范围和责任内容</td></tr>
<tr><td>质量成本标准控制</td><td colspan="3">◇明确产品生产各阶段的操作规范和生产产品的规格、数据等，并要求相关责任人严格按照质量标准执行</td></tr>
</table>

第 9 条　质量成本控制实施

1. 品管部按照质量成本控制目标组织实施质量成本控制计划，并监督计划的执行。

2. 各生产车间班组严格执行控制计划，将具体责任指标落实到个人。

3. 各生产车间班组应详细记录各种质量成本信息，经品管部核对后，交财务部核算。

4. 财务部应将每月的质量成本核算结果通知品管部，品管部根据结果进行分析，必要时可调整质量成本计划和控制目标。

第 4 章　质量成本控制考核

第 10 条　确定质量成本考核指标

1. 按质量成本科目分类，确定归口管理部门考核指标。

2. 按责任部门分类，确定责任部门考核指标。

3. 按责任分部分项分类，确定考核指标。

4. 按量值分类，确定发生额和相关指标的考核指标。

第 11 条　实施质量成本考核

品管部按以下要求，实施质量成本考核。

1. 收集和分析质量成本数据。

续表

<table>
<tr><td rowspan="2">制度名称</td><td rowspan="2">质量成本控制制度</td><td>编　　号</td><td></td></tr>
<tr><td>执行部门</td><td></td></tr>
<tr><td colspan="4">2. 对责任部门、归口管理部门实施考核。
3. 对责任分部分项按实现过程实施考核。
4. 对质量改进措施实施效果实施考核。
第 12 条　考核结果的反馈和处理
责任部门、归口管理部门确认考核结果，质量管理部记录考核结果，上报给人力资源部，人力资源部按相关条例实施奖励或处罚。
第 5 章　附　　则
第 13 条　本制度由品管部制定，解释权归品管部所有。
第 14 条　本制度经总经理审批通过后自颁布之日起执行。</td></tr>
</table>

编制人员		审核人员		批准人员	
编制日期		审核日期		批准日期	

4.3.3　质量成本控制方案

<table>
<tr><td rowspan="2">方案名称</td><td rowspan="2">质量成本控制方案</td><td>编　　号</td><td></td></tr>
<tr><td>执行部门</td><td></td></tr>
<tr><td colspan="4">一、目的
为了不断降低产品成本，提高企业的经济效益，为评定质量体系的有效性提供依据，更好地实施质量成本控制管理，特制定本方案。
二、适用范围
本方案适用于产品质量费用的收集、分析和报告等控制管理工作。
三、职责划分
1. 品管部负责相关数据的收集、汇总、分析并编写与质量有关的成本报告。
2. 生产部负责按照要求统计有关质量成本的数据，并上报品管部。
四、概念界定
质量成本是指企业为了保证和提高产品质量而支出的一切费用，以及因未达到产品质量标准，不能满足用户和消费者需求而产生的一切损失。质量成本一般包括预防成本、鉴定成本、内部损失成本和外部损失成本。</td></tr>
</table>

续表

方案名称	质量成本控制方案	编　　号	
		执行部门	

五、质量成本控制的实施

（一）开展质量成本管理的宣传、教育和普及工作

开展质量成本管理的宣传、教育和普及工作，对从事质量成本管理的人员进行专门培训。培训的内容应包括以下三个方面。

1. 质量成本项目的构成。

2. 质量成本数量的收集及注意事项。

3. 质量成本的统计、核算、分析、报告、计划和控制方法。

（二）建立质量成本管理体系

1. 建立质量成本人员管理组织结构。依据质量成本管理需要，确定各相关部门的责任和任务。

2. 建立质量成本指标体系。指标体系主要包括预防成本率、鉴定成本率、内部故障成本率、外部损失成本率、质量成本率、产值收入质量成本率以及利润质量成本率等。

（三）制定质量成本管理的标准或制度

制定质量成本管理程序，规定质量成本原始记录表格的内容与格式，建立质量成本管理的评审制度或标准。

（四）收集质量成本数据

1. 品管部于每年的__月份编制年度质量成本控制计划。

2. 质量成本控制计划应与企业业务计划相协调，并成为企业业务计划的一部分。

3. 每月__日，生产部按照“质量成本核算流程图”规定的职责范围填报“质量成本部门统计表”，上报品管部。

4. 生产部按照“质量成本费用汇总表”规定的责任范围填报质量成本各科目，于每月__日上报财务部。

5. 每月__日，品管部会同财务部填报“质量成本月报表”。

6. 每月__日，品管部编制上月的“质量成本月报表”及附表。

（五）质量成本核算与分析

1. 每月__日，品管部对生产部的质量成本数据进行统计与核算，填写“二级科目统计明细表”，编制“质量成本月报表”。

2. 品管部与财务部共同进行质量成本分析，编制“质量成本分析报告”。经财务部和品管部经理签字后上报总经理审批。

续表

<table>
<tr><td rowspan="2">方案名称</td><td rowspan="2">质量成本控制方案</td><td>编　号</td><td></td></tr>
<tr><td>执行部门</td><td></td></tr>
<tr><td colspan="4">
（六）质量成本改进与跟踪
1. 品管部根据质量成本分析报告提供的情况，按“改进和预防措施控制程序”的要求对其采取相应的措施予以改进。
2. 品管部对改进和预防措施进行跟踪，确保其有效性。
3. 明确质量成本的改进目标。
（1）质量管理成本总额一般不超过销售总额的____%。
（2）预防成本占质量成本总额的____%～____%。
（3）鉴定成本占质量成本总额的____%～____%。
（4）内部损失成本占质量成本总额的____%～____%。
（5）外部损失成本占质量成本总额的____%～____%。
（七）质量成本数据的保存
对质量成本数据应根据财务制度进行保存，有查阅、调用需求时，应按要求向使用方提供有关数据。
六、相关记录
（略）
</td></tr>
</table>

编制人员		审核人员		批准人员	
编制日期		审核日期		批准日期	

4.3.4 质量成本控制表单

1. 质量成本分析表

月份：　　　　　　　　　　　　　　填写日期：　　年　月　日

<table>
<tr><th>分类</th><th>项目</th><th>细目</th><th>金额（万元）</th><th>总计</th><th>占⑤比率（%）</th></tr>
<tr><td rowspan="6">①预防成本</td><td>质量工作费</td><td></td><td></td><td rowspan="6"></td><td></td></tr>
<tr><td>质量培训费</td><td></td><td></td><td></td></tr>
<tr><td>质量奖励费</td><td></td><td></td><td></td></tr>
<tr><td>产品评审费</td><td></td><td></td><td></td></tr>
<tr><td>质量改进措施费</td><td></td><td></td><td></td></tr>
<tr><td>工资及附加费</td><td></td><td></td><td></td></tr>
</table>

续表

分类	项目	细目	金额（万元）	总计	占⑤比率（%）
②鉴定成本	检测试验费				
	工资及附加费				
	办公费				
	检测设备折旧				
③内部损失成本	废品损失费用				
	返修损失费用				
	停工损失费用				
	事故分析处理费用				
	产品降级损失费用				
④外部损失成本	索赔损失费用				
	退货损失费用				
	保修费				
	诉讼费				
	产品降价损失费用				
⑤	质量成本总计				
⑥	制程成本总计				
⑦	销售金额				
⑧	质量成本率＝⑤/⑥				
⑨	质量成本与销售额之比＝⑤/⑦				
说明：①本表由品管部每月计算提出；②销售金额由销售部提供；③制造成本由财务部提供					

2. 质量成本统计报告表

质量成本项目	本月		累计		质量成本项目	本月		累计	
	金额	占质量成本%	金额	占质量成本%		金额	占质量成本%	金额	占质量成本%
一、预防费用					**三、内部损失费用**				
1. 质量工作费					1. 废品损失费用				
2. 质量培训费					2. 返修损失费用				
3. 质量奖励费					3. 停工损失费用				
4. 产品评审费					4. 事故分析处理费用				
5. 质量改进措施费					5. 产品降级损失费用				
6. 工资及附加费									
					四、外部损失费用				
二、鉴定费用					1. 索赔损失费用				
1. 检测试验费					2. 退货损失费用				
2. 工资及附加费					3. 保修费				
3. 办公费					4. 诉讼费				
4. 检测设备折旧					5. 产品降价损失费用				
					合计				

3. 质量成本损失估计表

编号：　　　　　　　　　　　　填写日期：　　年　月　日

制造批号	产品名称	生产数量	各过程不良率				产品质量成本估计					备注
			原料加工	半成品加工	成品装配	其他	报废	整修	回收	降级	合计	

填表：　　　审核：　　　品管部经理：　　　总经理：

4. 车间质量管理成本月报表

核算部门：　　　　　　填写日期：　　年　月　日　　单位：元

<table>
<tr><th colspan="2" rowspan="3">质量成本项目</th><th rowspan="3">上年实际数</th><th rowspan="3">本年计划指标</th><th rowspan="3">本月质量成本</th><th colspan="5">累计</th></tr>
<tr><th rowspan="2">金额</th><th colspan="2">与上年相比</th><th colspan="2">与计划指标比较</th></tr>
<tr><th>历史同期</th><th>上升或下降</th><th>计划指标</th><th>超支或节约</th></tr>
<tr><td rowspan="7">预防成本</td><td>质量工作费</td><td></td><td></td><td></td><td></td><td rowspan="7"></td><td rowspan="7">上升__元
下降__元</td><td rowspan="7"></td><td rowspan="7">超支__元
节约__元</td></tr>
<tr><td>质量培训费</td><td></td><td></td><td></td><td></td></tr>
<tr><td>质量奖励费</td><td></td><td></td><td></td><td></td></tr>
<tr><td>产品评审费</td><td></td><td></td><td></td><td></td></tr>
<tr><td>质量改进措施费</td><td></td><td></td><td></td><td></td></tr>
<tr><td>工资及附加费</td><td></td><td></td><td></td><td></td></tr>
<tr><td>小计</td><td></td><td></td><td></td><td></td></tr>
<tr><td rowspan="5">鉴定成本</td><td>检测试验费</td><td></td><td></td><td></td><td></td><td rowspan="5"></td><td rowspan="5">上升__元
下降__元</td><td rowspan="5"></td><td rowspan="5">超支__元
节约__元</td></tr>
<tr><td>工资及附加费</td><td></td><td></td><td></td><td></td></tr>
<tr><td>办公费</td><td></td><td></td><td></td><td></td></tr>
<tr><td>检测设备折旧</td><td></td><td></td><td></td><td></td></tr>
<tr><td>小计</td><td></td><td></td><td></td><td></td></tr>
<tr><td rowspan="6">内部损失成本</td><td>废品损失费用</td><td></td><td></td><td></td><td></td><td rowspan="6"></td><td rowspan="6">上升__元
下降__元</td><td rowspan="6"></td><td rowspan="6">超支__元
节约__元</td></tr>
<tr><td>返修损失费用</td><td></td><td></td><td></td><td></td></tr>
<tr><td>停工损失费用</td><td></td><td></td><td></td><td></td></tr>
<tr><td>事故分析处理费用</td><td></td><td></td><td></td><td></td></tr>
<tr><td>产品降级损失费用</td><td></td><td></td><td></td><td></td></tr>
<tr><td>小计</td><td></td><td></td><td></td><td></td></tr>
</table>

续表

<table>
<tr><td rowspan="3" colspan="2">质量成本项目</td><td rowspan="3">上年实际数</td><td rowspan="3">本年计划指标</td><td rowspan="3">本月质量成本</td><td colspan="5">累计</td></tr>
<tr><td rowspan="2">金额</td><td colspan="2">与上年相比</td><td colspan="2">与计划指标比较</td></tr>
<tr><td>历史同期</td><td>上升或下降</td><td>计划指标</td><td>超支或节约</td></tr>
<tr><td rowspan="6">外部损失成本</td><td>索赔损失费用</td><td></td><td></td><td></td><td></td><td rowspan="6"></td><td rowspan="6">上升__元
下降__元</td><td rowspan="6"></td><td rowspan="6">超支__元
节约__元</td></tr>
<tr><td>退货损失费用</td><td></td><td></td><td></td><td></td></tr>
<tr><td>保修费</td><td></td><td></td><td></td><td></td></tr>
<tr><td>诉讼费</td><td></td><td></td><td></td><td></td></tr>
<tr><td>产品降价损失费用</td><td></td><td></td><td></td><td></td></tr>
<tr><td>小计</td><td></td><td></td><td></td><td></td></tr>
<tr><td colspan="2">合计</td><td>小计</td><td></td><td></td><td></td><td></td><td>上升__元
下降__元</td><td></td><td>超支__元
节约__元</td></tr>
</table>

制表： 核准：

5. 质量成本跟踪表

编号： 填写日期： 年 月 日 单位：元

<table>
<tr><td colspan="2">质量成本项目</td><td>历史先进水平</td><td>上年实际平均</td><td>本年计划</td><td>本月实际</td><td>本年累计实际平均</td></tr>
<tr><td colspan="2">预防成本</td><td></td><td></td><td></td><td></td><td></td></tr>
<tr><td colspan="2">鉴定成本</td><td></td><td></td><td></td><td></td><td></td></tr>
<tr><td colspan="2">内部损失成本</td><td></td><td></td><td></td><td></td><td></td></tr>
<tr><td colspan="2">外部损失成本</td><td></td><td></td><td></td><td></td><td></td></tr>
<tr><td rowspan="6">主要明细项目</td><td></td><td></td><td></td><td></td><td></td><td></td></tr>
<tr><td></td><td></td><td></td><td></td><td></td><td></td></tr>
<tr><td></td><td></td><td></td><td></td><td></td><td></td></tr>
<tr><td></td><td></td><td></td><td></td><td></td><td></td></tr>
<tr><td></td><td></td><td></td><td></td><td></td><td></td></tr>
<tr><td></td><td></td><td></td><td></td><td></td><td></td></tr>
</table>

第5章　设备成本控制

5.1　设备成本控制内容

5.1.1　设备成本构成

设备成本管理的最终目标是在企业经营战略的总体规划下，保证设备管理各环节的低费用，力求设备的寿命周期成本最低。设备成本的构成如图5—1所示。

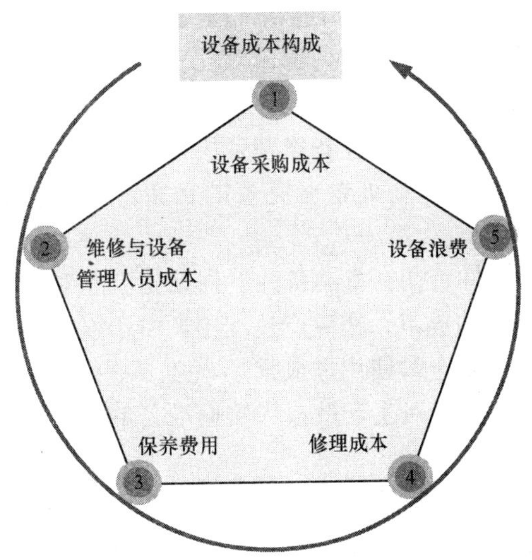

图5—1　设备成本的构成图

生产人员对设备采购成本及维修与设备管理人员成本的控制力和影响力相对较弱，而后三项设备保养费用、修理成本及设备浪费主要靠生产作业人员及设备管理人员进行控制，各班组应加强注意。

具体设备成本构成的详细内容如下所示。

1. 设备采购成本

设备采购成本，包括设备订购成本、维持成本及缺货成本。

2. 维修与设备管理人员成本

维修与设备管理人员成本指企业发放给设备维修与管理人员的工资、奖金、津贴、补贴、社会保险费用、福利费用、劳动保护费用等。

3. 保养费用

设备保养费用主要指对设备进行保养所使用润滑油（脂）、防腐材料、设备保养用具设备、更换的零部件的成本。

4. 修理成本

设备修理成本是指企业为了维持设备正常运作而进行修葺、管理所花费的费用，包括企业内部修理花费的费用及外部修理花费的费用。具体包含以下 3 项费用。

（1）设备修理费用。设备修理费用是为了消除设备故障、恢复设备功能而对设备进行处置所花费的费用，一般包括材料费、油费等。

（2）备品备件费用。备品备件费用是指企业对设备进行维修时需更换的零部件的成本。在生产过程中，由于设备寿命周期（使用寿命）的原因或非正常使用造成损坏，必须更换相应的零部件，企业为了避免此类情形对生产造成影响而准备的相应零件，称为备品备件。

根据使用特性，备品备件可分为常备件和非常备件。常备件是指使用频率高、设备停工损失大、单价相对低而需经常保持一定储备量数的零件，如设备易损件、易耗件、关键设备保险储备件等。非常备件是指使用频率低、设备停工损失小、采购单价高的零件，一般采用计划性采购，随时采购或临时制造等方式进行管理。

（3）技术支援费用。由于企业自身技术能力的限制，在重要设备出现重大故障、年度大修或技术改造时，需要设备供应商或专业机构提供技术支持，因而会发生技术支援费用。

5. 设备浪费

设备浪费是指因设备故障、设备启动等造成的生产停止所产生的时间、人力方面的成本。生产现场常见的设备浪费情形主要有以下8种。具体见表5—1。

表5—1 设备成本的8大浪费

8大浪费	定义
1. 因设备故障产生的浪费	因设备出现故障导致生产停止产生的时间、人力方面的成本浪费
2. 段取调整产生的浪费	从A产品完成到B产品品质确认为良品这之间发生的设备没有产出的浪费
3. 品质故障产生的浪费	因生产产品出现品质故障，导致设备停机或生产出的不良品需要返工造成设备重新作业所导致的作业成本
4. 物流浪费	因生产物流不畅、原料供应不及时发生设备停机等造成的成本浪费
5. 工具切换浪费	因生产使用的工具、量具不合理或因其使用摆放方法不科学造成与设备运行速度不协调，或产生停机等待等产生的浪费
6. 设备启动产生的浪费	指从设备的启动到正式进行生产中间发生的一段设备空转时间产生的浪费
7. 设备点点停导致的浪费	因作业人员离开等其他原因造成设备小于5分钟以下的停机时间导致的浪费
8. 速度低下造成的浪费	因设备运行缓慢，未达到设备初始速度造成的浪费

5.1.2 设备成本核算

为确保设备成本核算的准确性及有效性，企业应加强基础建设，建立健全设备成本核算相关规章制度；各班组需学习掌握设备成本核算的方法；同时相关人员需重点做好设备使用费的核算，具体措施如下。

1. 加强成本核算基础管理工作

(1) 各班组应完善设备管理台账、成本档案，充分了解每台设备的运行状况及维修保养状况，加强设备的运行记录与分析。

(2) 生产现场应指定专人负责设备成本的核算工作，负责相关信息资料的收集、整理、汇总、分析、计算、汇报等。

(3) 企业强化全员成本管理意识，特别是生产管理人员要重视设备成本核算管理。

(4) 企业应建立健全设备成本核算制度、设备管理成本核算制度、设备维修成本核算制度、设备备件成本核算制度等。

2. 学习成本核算的方法

(1) 各班组成员要学习设备管理知识，掌握成本核算的内容、特点及重点，并在新的管理方式中不断创新。

(2) 各班组成员应努力学习设备管理的法律法规文件，了解设备管理知识和国家的相关规定，不断提高自觉性，重视设备成本的核算。

3. 重视设备使用费的核算

在设备成本核算中，管理的重点是设备使用费的核算。设备使用费由不变费用和可变费用两部分组成。具体说明见表 5—2。

表 5—2　　设备使用费用一览表

设备使用费组成	具体说明
不变费用	◇包括基本折旧费、大修费、安装拆卸及进出场等规定费用
可变费用	◇可变费用包括工资、津贴、燃料费、修理费、养路费、运管费等。可变费用中的某些项目，应结合具体情况，尽量少发生

5.1.3 设备成本管理方式

对设备的成本进行分析，确定各项构成在设备成本中的比例，并采取各种管理方式，降低各项设备成本。

1. 实行责任制

（1）明确责任，规定权限，实行奖罚。例如，规定班组成员要认真学习和严格遵守设备管理的有关规定和操作规则，努力学习专业技术，提高操作技能，熟练掌握设备的原理性能和安全操作规程，做到三好（管理好、使用好、养修好）、四懂（懂原理、懂构造、懂性能、懂用途）、四会（会使用、会养修、会检查、会排除故障）。

（2）切实完成好应承担的养修项目，比如日常的维修保养润滑以及油料定额使用等。

（3）完成和超额完成各项定额指标，提高设备的完好率、利用率、出勤率。对开展基础工作和任务完成好的班组，进行奖励，相反者应予以处罚。

2. 指定责任人

由班组长控制设备成本支出（如修理费、油料费、养路费、折旧费等），使其有控制和节约成本的主动权。这种管理方式可以减轻管理工作量，强化班组长的成本意识。

3. 反向租赁管理方式

反向租赁管理方式是指把设备按实际价值折算成现值，租给班组，用其在一定时间内完成的生产量来抵偿设备的价值和规定的利润。企业只监督执行合同和设备的管理使用情况，其余的由班组负责。

在反向租赁管理方式下，在保证本企业使用的情况下，班组可以自行出租或干分外的生产任务，在规定的使用时间里付清设备的折旧费和利润后，按合同规定该设备可以归属班组所有。

5.2 设备成本控制方法

5.2.1 设备管理成本控制要点

设备的使用方针是“爱护使用”，不仅要对设备加以爱护，更重要的是防止设备的闲置，提高设备利用率，降低设备闲置率，控制设备成本。设备管理成本控制的本质是对设备运动过程中的成本进行管理。设备的运动形态有两种：一种是价值形态，另一种是实物形态。从细节上讲，设备管理成本控制要点主要有四个方面，具体分析如图 5—2 所示。

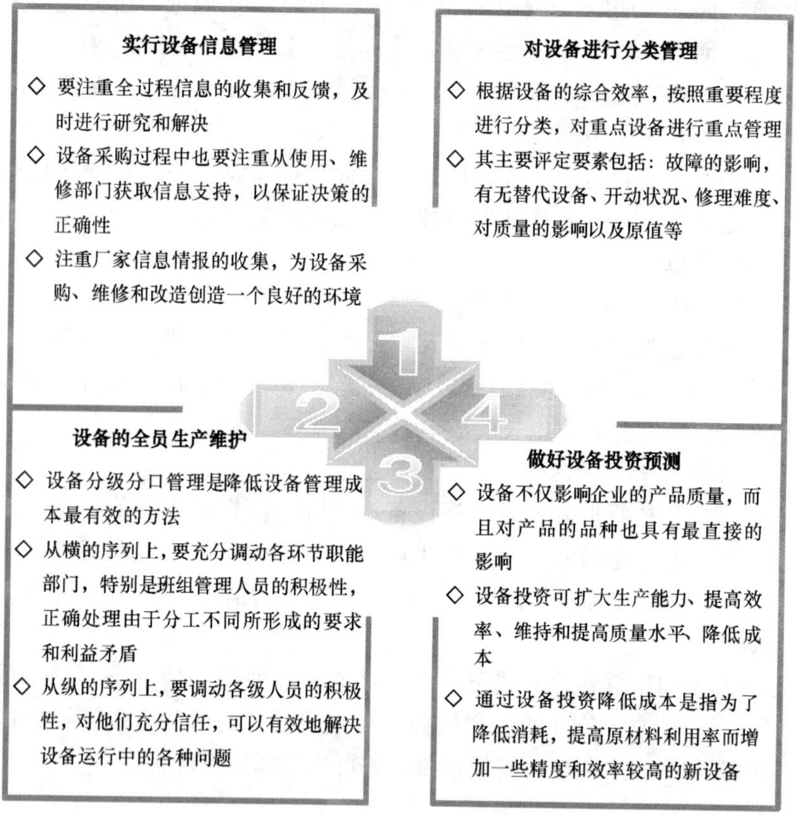

实行设备信息管理

◇ 要注重全过程信息的收集和反馈，及时进行研究和解决

◇ 设备采购过程中也要注重从使用、维修部门获取信息支持，以保证决策的正确性

◇ 注重厂家信息情报的收集，为设备采购、维修和改造创造一个良好的环境

对设备进行分类管理

◇ 根据设备的综合效率，按照重要程度进行分类，对重点设备进行重点管理

◇ 其主要评定要素包括：故障的影响，有无替代设备、开动状况、修理难度、对质量的影响以及原值等

1 2 3 4

设备的全员生产维护

◇ 设备分级分口管理是降低设备管理成本最有效的方法

◇ 从横的序列上，要充分调动各环节职能部门，特别是班组管理人员的积极性，正确处理由于分工不同所形成的要求和利益矛盾

◇ 从纵的序列上，要调动各级人员的积极性，对他们充分信任，可以有效地解决设备运行中的各种问题

做好设备投资预测

◇ 设备不仅影响企业的产品质量，而且对产品的品种也具有最直接的影响

◇ 设备投资可扩大生产能力、提高效率、维持和提高质量水平、降低成本

◇ 通过设备投资降低成本是指为了降低消耗，提高原材料利用率而增加一些精度和效率较高的新设备

图 5—2　设备管理成本控制要点

5.2.2　设备维修成本控制方法

设备维修成本控制方法有考察设备可维修件、掌握设备的磨损规律和故障规律、考察维修经济性、选择合适的设备维修方式及正

确处理维修费用和维修效果关系等。

1. 重视对设备可维修性的考察

设备的可维修性是降低维修费用、减少停工损失的重要措施，特别是对于一些瓶颈环节的设备，其可维修性更为重要。因此，根据设备的重要程度，在购置设备时要注重对其可维修性的考察。

2. 掌握设备的磨损规律和故障规律

（1）设备磨损3阶段。设备的磨损大致可分为3个阶段，具体各阶段的控制措施如图5—3所示。

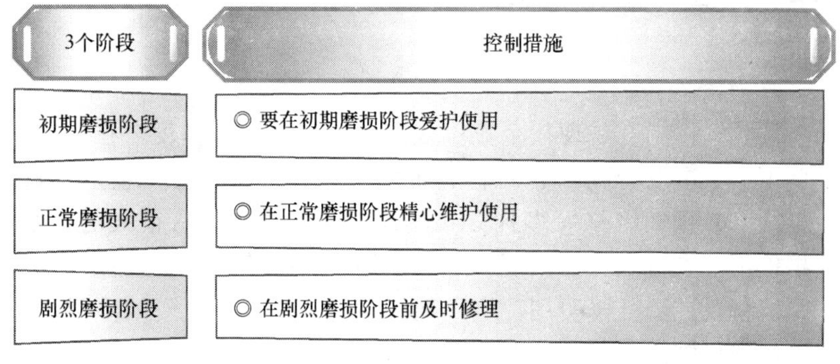

3个阶段	控制措施
初期磨损阶段	◎ 要在初期磨损阶段爱护使用
正常磨损阶段	◎ 在正常磨损阶段精心维护使用
剧烈磨损阶段	◎ 在剧烈磨损阶段前及时修理

图5—3　设备磨损的3个阶段示意图

（2）设备故障变化3阶段。设备的故障变化规律也大致可分为3个阶段，具体各阶段的控制措施如图5—4所示。

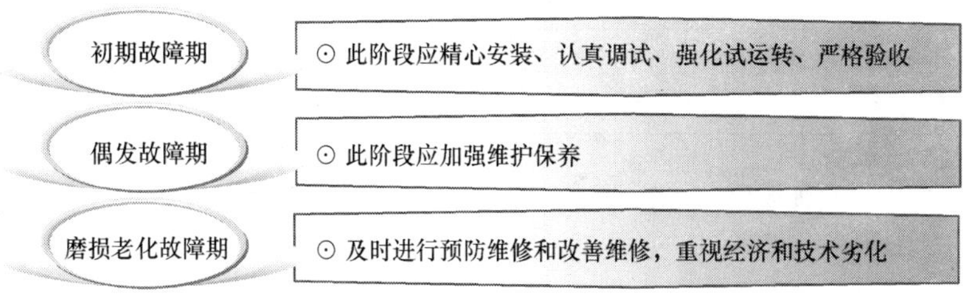

图5—4　设备故障变化3阶段及控制措施

3. 考察维修经济性

设备停工损失不仅有直接的经济损失，还有间接的由于不能按期交货而产生的对企业信誉的影响。企业对维修经济性进行考察，重点比较事前维修与事后维修的经济性。

事后修理要被迫停机，并且需要花一定的时间，修理后才能恢复生产。而事前修理就是计划预修。由于是在设备故障或事故发生之前，采取检修措施，因而可以妥善地安排施工和准备好备件。但过分强调计划预修，容易出现过度维修现象，造成经济上的损失。因此，对有些影响不大或拥有备机的设备，采用事后维修反而更经济。

4. 选择合适的设备维修方式

预防维修制度是现代企业应该首先考虑的维修制度，在此维修制度下，又可以分为日常维修、事后维修、预防维修、生产维修、改善维修、预知维修等多种方式，各种方式的成本有很大的差别，应根据不同设备和不同情况，综合运用多种维修方式，确保设备的正常运行，减少维修费用。生产现场设备主要根据设备故障类型或经济性选择维修方式，见表5—3。

表5—3　　维修方式选择依据

选择依据	说明
根据不同的故障类型选择	对状态易于监测的故障实施预知维修，对维修方便、故障有规律的实施定期维修等
根据经济性的不同选择	将事后维修费、预防维修费、状态监测费、停机损失费等进行比较，选择费用最小的修理方式

5. 正确处理维修费用和维修效果的关系

对于关键部件，必要时一定要使用进口件以提高维修效果；而对于一些国内可以通过质量控制达到质量要求的部件，既可利用自己的技术力量自主研发控制质量和成本，也可以配合国内的相关厂商进行操作。

5.2.3　设备备件成本控制方法

设备备件成本是设备成本的重要组成部分，生产现场要做好设备成本的控制工作，必须做好设备备件成本的控制工作，其具体控制方法主要有以下7项。

1. 确定设备全面保全体系，减少设备备件的使用次数

（1）对设备操作人员进行培训，使其掌握设备的操作规范与保养要求，减少设备出现故障的事件，减少设备备件的使用。

（2）设备部严格执行设备保全的规章制度，如设备保养制度、设备点检制度等。

2. 指定专门的人员负责设备备件的管理

（1）指定备件管理人员不定时地巡视设备，发现设备操作不规范时及时进行纠正，防止设备出现故障。

（2）设备备件管理人员负责设备备件的统计、发放等事宜。

（3）设备管理人员需要监督设备备件的更换，防止车间出现多余的设备备件。

（4）设备管理人员对设备的老化、易损部位要经常进行检查，指导设备使用人员进行特殊维护，尽量延长设备备件的使用寿命。

（5）设备备件管理人员应给每台设备编制相应的配件更换记录，并及时更新记录。

3. 确定设备备件的使用定额

（1）设备管理部要根据设备的性能、操作要求、生产环境、使用资料等确定设备各备件的更换时间，从而确定设备各备件的使用定额。

（2）设备管理部定期收集、汇总设备备件的使用记录，分析设备备件的使用状况，当实际使用备件次数高于设备备件使用限额次数时，应及时调查原因，制定改善措施。

4. 控制设备备件的采购数量与价格

（1）采购部控制设备备件采购数量与价格。采购部根据设备部的配件需求计划，确定设备备件采购数量及价格，降低设备备件的成本支出，禁止滥购。具体做法如图5—5所示。

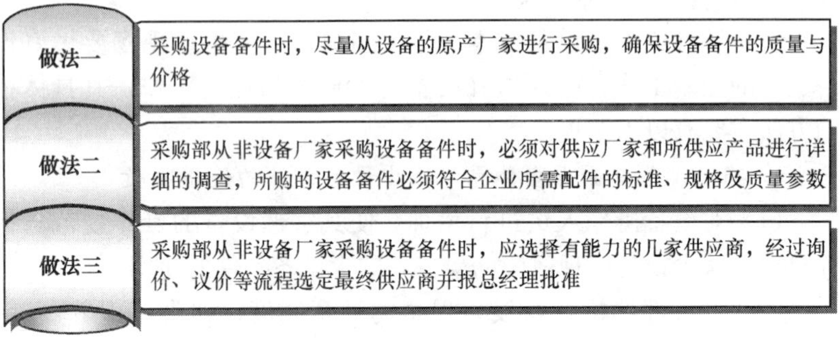

做法一	采购设备备件时，尽量从设备的原产厂家进行采购，确保设备备件的质量与价格
做法二	采购部从非设备厂家采购设备备件时，必须对供应厂家和所供应产品进行详细的调查，所购的设备备件必须符合企业所需配件的标准、规格及质量参数
做法三	采购部从非设备厂家采购设备备件时，应选择有能力的几家供应商，经过询价、议价等流程选定最终供应商并报总经理批准

图5—5　设备备件采购方法

（2）设备管理部控制设备采购数量。设备管理部一般常采用ABC法控制设备备件所需的数量。具体方法见表5—4。

表5—4　　用ABC法控制采购数量

类型	具体说明
A类配件	指设备备件很难损坏，且价值较高，在配件需求计划中的份额最高不超过10%
B类配件	指设备备件损坏的间隔期较长，且价值处于中等，在配件需求计划中的份额最高不超过30%
C类配件	指设备备件易损且价值较低，在配件需求计划中应占到70%左右的份额

5．加强对设备备件的相关考核

（1）考核结果及相应的处理方式如下：

①设备备件的更换数量与更换额度小于设备备件消耗定额时，将按照节省出的款项的一定比例分发给生产现场设备操作人员和设备备件管理人员。

②设备备件的更换数量与更换额度大于设备备件消耗定额时，应及时查找原因，制定相应的改善措施，并对相关责任人按照企业的相关规定进行处罚。

（2）考核内容。对设备备件的考核主要针对设备备件管理人员和生产现场设备操作人员，考核其设备备件使用数量是否超过规定的使用定额。

（3）考核部门。对设备备件的考核由人力资源部负责，设备管理部予以协助。

（4）考核依据。对设备备件进行考核时，应确定具体的考核依据。其依据如图5—6所示。

图5—6　设备备件考核依据

6. 设备备件的质量控制

（1）采购回的设备备件必须经质量部检验合格后方可办理入库，防止劣质设备备件流入仓库，浪费设备的费用支出。

（2）仓储部在保管设备备件时应根据配件品种性能的不同分类进行存储，确保其质量，防止因出现锈迹、磕碰、拉毛等现象而影响设备备件的使用，增加设备备件的成本。

7. 设备备件的更换控制

设备备件管理人员需要现场审核更换配件的缘由，核实无误后上报设备管理部批准。更换设备备件时，必须由生产现场设备操作人员或设备维修人员填制配件更换申请。

5.3 设备成本控制实务

5.3.1 设备成本控制流程

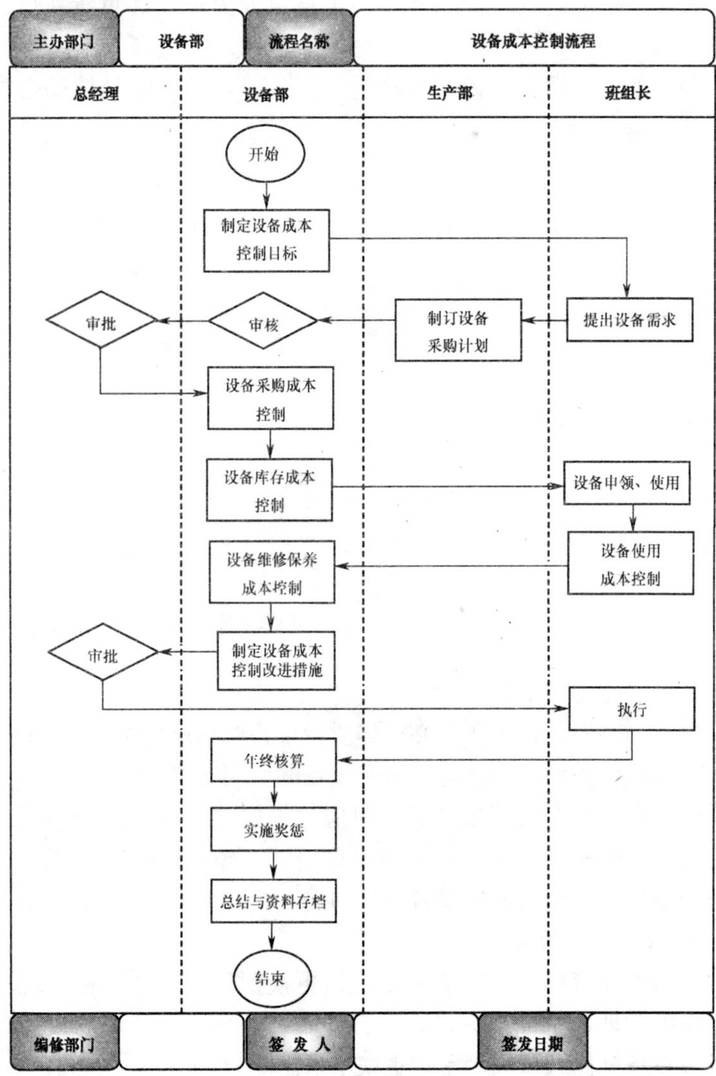

5.3.2 设备成本控制制度

<table>
<tr><td rowspan="2">制度名称</td><td rowspan="2">设备成本控制制度</td><td>编　号</td><td></td></tr>
<tr><td>执行部门</td><td></td></tr>
<tr><td colspan="4">

第1章　总　　则

第1条　目的

为了对生产设备成本进行合理控制，为现场设备管理人员及作业人员的成本控制工作提供指导，结合本公司实际情况，特制定本控制制度。

第2条　适用范围

本制度适用于对公司设备成本的控制工作。

第3条　设备成本控制职责与分工

1. 车间设备成本的日常控制，一般由车间设备管理员负责。设备管理员主要负责设备的日常维护，并会同有关部门和人员提出成本控制改进措施。

2. 车间工艺员和质量检查员要监督车间作业人员按图纸、工艺和工装要求进行操作，实行首件检查，防止成批报废。

3. 各班组长要按工艺规程规定的要求监督本班组设备的维修和使用情况，不符合要求就不能投入生产。

4. 各班组设备使用人员要按照设备操作规范操作设备，严禁违规操作。

第2章　设备成本的事前控制

第4条　制定设备消耗标准

1. 设备消耗标准是设备使用成本控制工作的依据之一。设备消耗标准的制定工作，主要由工程技术部负责。

2. 技术人员根据“工艺路线表”，计算出设备零部件及备件消耗定额，并编制成标准的技术文件，然后交工艺室下发给各车间及物资供应部等部门。

3. 物资供应部再根据定额数量组织零部件、备件的采购工作。

第5条　加强设备使用计划管理

1. 设备管理员根据设备消耗定额及其采购规定，计算出一个生产计划期内的零配件需用量，从而制订出合理、有适当弹性的“设备使用计划”。

2. 设备管理员需根据每一个具体产品品种的生产作业任务、每一类设备的消耗定额（主要零配件为工艺消耗定额）来计算零配件需求量，计算方法包括直接计算法和间接计算法两种。零配件需求量计算方法的具体说明见下表。

</td></tr>
</table>

续表

<table>
<tr><td>制度名称</td><td rowspan="2">设备成本控制制度</td><td>编　号</td><td></td></tr>
<tr><td></td><td>执行部门</td><td></td></tr>
</table>

零配件需求量计算方法一览表

计算方法	具体说明	公式
直接计算法	即根据生产计划任务和零配件消耗定额直接确定零配件需求量的方法	①某种主要零配件需用量=（计划产量+技术上不可避免的废品数量）×单位产品该零配件的消耗定额－计划回用的该种零配件的废品数量 ②某种辅助零配件需用量=（计划产量+技术上不可避免的废品数量）×单位产品该零配件的消耗定额
间接计算法	即按一定的比例或系数来估算零配件需用量的方法。该方法主要适用于某些不便于制定消耗定额或消耗量不大的备件	某种零配件需用量$=\frac{\text{上期实际消耗量}}{\text{上期实际产量}}\times$本期计划产量×（1－可能降低消耗的百分比）

第3章　设备成本的事中控制

第6条　加强班组设备使用的控制

1. 以设备损耗定额和生产作业计划为依据，确定班组月度设备的使用情况。

2. 如班组发生设备损坏等原因，需要订购新的设备时，需先查明原因，经审查后，才能购置新设备，尤其是那些耗损量加大、单位价值较高的设备。

第7条　正确使用设备

1. 设备使用人员在操作设备时必须符合设备使用技术标准，并具有良好的工艺性。

2. 在不影响设备正常使用的前提下，可采用合适的材料或质优价廉的新型材料。

第8条　节约设备成本

1. 生产线上设备使用时，必须坚持“生产与节约并重”“按定额用料”等原则，减少机器损耗，注意节约和合理利用设备，从而提高设备的利用率。

2. 设备使用时，要尽可能地采用集中下料、精密排料、大小搭配、长短交叉、先大后小等方法，尽量减少设备的损耗。

续表

制度名称	设备成本控制制度	编　号	
		执行部门	

3. 设备维修尽量坚持本公司可以维修的绝不外包，不断提高公司设备维修水平，降低维修成本。

第9条　坚持作业品质的控制

1. 提高作业品质，降低废次品率、不良品率，增加优质品，延长设备的使用寿命。

2. 采用先进工艺和设备，进行技术革新，提高工效，节约工时，降低设备磨损。

第4章　设备成本的事后控制

第10条　及时纠正偏差

公司成立设备成本改善小组，该小组负责将设备使用成本实际发生额与设备目标成本进行比较，寻找差异，并分析差异发生的原因，查明相关责任人，根据轻重缓急，提出改进措施，并贯彻执行。对于重大差异的纠正，一般采用下列程序。

1. 提出课题。

改善小组逐项分析各种设备的使用成本，并与目标成本进行比较，填写“设备目标成本执行情况检查表”（见下表），以便从使用成本超支的设备中提出设备成本改善课题。在提出改善课题时要说明提出课题的目的、内容、理由、依据和预期达到的经济效益。

设备目标成本执行情况检查表

填写日期：　　年　月　日

设备名称	单位	磨损定额	实际磨损	折旧	备注
设备					
其中：A设备					
B设备					
C设备					
备件					
其中：甲备件					
乙备件					
丙备件					

续表

制度名称	设备成本控制制度	编　号	
		执行部门	

2. 讨论和决策。

在选定改善课题后，改善小组应发动有关部门和人员进行广泛的研究和讨论。对于一些重大的课题，可能要提出多种解决方案，在对比分析各种方案后，从中选出最优方案。

3. 确定改善方案推行的方法、步骤及负责执行的部门与人员。

4. 贯彻执行确定的改善方案。

在改善过程中，改善小组要及时监督检查，并于改善方案推行后，检查该方案实现后的经济效益，衡量是否达到了预期的目标。

第 11 条　加强相关人员的责任考核

车间和车间内有关的成本控制责任单位，凡是能考核其投入产出比的，都应定期考核实际设备使用情况与磨损定额的差异。

第 5 章　附　　则

第 12 条　本制度由生产部负责制定、修改和解释。

第 13 条　本制度自颁发之日起实施。

编制人员		审核人员		批准人员	
编制日期		审核日期		批准日期	

5.3.3　设备维修费用控制方案

方案名称	设备维修费用控制方案	编　号	
		执行部门	

一、目的

为更好地控制设备的维修费用，减少浪费，降低公司生产、经营成本，特制定本方案。

二、适用范围

本方案适用于公司设备维修费支出控制的相关工作事项。

三、名词解释

技术测算法，又称为预算法，即根据设备维修技术任务书规定的修理内容、修理工艺、质量标准、修前编制的换件明细表和材料表等维修技术文件及修理工期要求，

续表

方案名称	设备维修费用控制方案	编　　号	
		执行部门	

通过技术测算来确定单台设备的维修计划费用。

四、管理职责

设备管理部在控制设备的维修费用时，要严格履行下列控制职责。

1. 严格划分设备维修范围。

2. 制定“设备维修费用计划”，控制设备维修费用开支的范畴。

3. 消灭无功负荷，减少能源的放散率。

4. 在保证各项设备良好运行状态下，积极开展修配改、修旧利废和能源的综合利用工作。

5. 提高备件自给率和设备检修质量，缩短检修工期。

6. 控制备件外购和外委加工修理，降低检修成本。

五、维修费支出范围的控制

有下列情况之一的，不得列入维修费用支出。具体如下图所示。

1 经检测，维修后仍不能满足工艺要求和保证产品质量的

2 设备老化、技术性能落后、能耗高、效率低、经济效益差的

3 维修虽能恢复性能，但与设备更新比较仍不划算的

4 严重污染环境，危害人身安全与健康，进行改造不经济的

5 国家规定应淘汰的设备

不得列入维修费用支出的项目

六、设备维修费用支出计划的编制

设备维修费用支出计划是年度内公司设备修理计划的一部分，由设备管理部负责编制，其

续表

<table>
<tr><td rowspan="2">方案名称</td><td rowspan="2">设备维修费用控制方案</td><td>编　号</td><td></td></tr>
<tr><td>执行部门</td><td></td></tr>
</table>

具体步骤如下图所示。

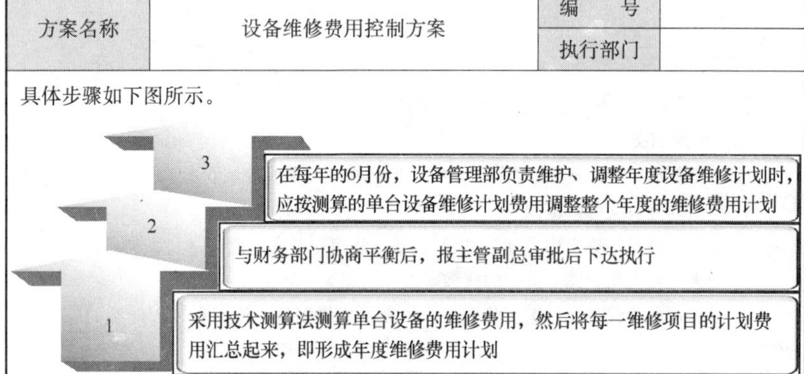

编制设备维修费用支出计划步骤

七、设备修理的监督、控制

设备管理部应在各生产车间、班组的配合下，加强生产过程中设备运行的监督、控制，并做好以下 8 个方面的工作。

1. 修理费用严格执行修理工程定额，费用总额原则上不准超出年度计划。

2. 设备经过整体检查后，及时修订修理技术任务书及备件、材料明细表。

3. 严格按备件、材料表限额领料，计划外用料须经主管技术人员签字同意后方可发放。

4. 合理组织设备检修或修理作业，减少待工、停工损失。

5. 尽量采用修复技术，节省备件费用。

6. 加强质量管理，避免返工及废品损失。

7. 修理工程竣工后，剩余的备品、备件或拆下的尚有价值的零部件，应作价退库，冲减维修费用，不得形成账外物资。

8. 维修工程竣工后，对于拆下来的无使用价值的机电产品，应回收残值，冲减维修费用的支出。

八、维修费用的核算

设备维修工程竣工后，必须按实际发生的费用进行单台设备维修费用核算。核算依据主要包括以下 4 个方面的资料文件。

1. 设备维修施工命令单及完工通知单。

2. 备件、材料领用单。

续表

<table>
<tr><td rowspan="2">方案名称</td><td rowspan="2">设备维修费用控制方案</td><td>编　　号</td><td></td></tr>
<tr><td>执行部门</td><td></td></tr>
<tr><td colspan="4">3. 材料计划价格与实际价格差异账单。
4. 劳务转账单等。
九、维修费用控制情况的考核
人力资源部把降低设备维修费用与设备管理部及设备维护保养人员的经济利益挂钩，建立、健全设备维修质量、进度、费用目标的考核与奖励办法。
（一）考核对象
对维修费用控制情况的考核对象，主要是设备管理主管及以上级别的管理人员。
（二）考核标准
1. 原则上，单台设备实际发生的维修费用不得超过单台设备的维修计划费用。
2. 设备管理部在全年完成的维修项目中，允许对单台设备的实际维修费用“以盈补缺”，但必须控制总实际成本不超过年度维修费用计划。
（三）考核内容
设备经理及主管签订的目标责任书。例如，对于设备管理部经理，在年初即与其签订“设备管理目标责任书”，在责任书中明确规定其在设备维修费用控制方面的责任与工作目标。</td></tr>
</table>

编制人员		审核人员		批准人员	
编制日期		审核日期		批准日期	

5.3.4　设备成本控制工具表单

1. 机器生产效率统计表

日期：　　年　月　日

产品名称	制造号码	工作期间	机器效率	人工效率	良品率	评语

2. 机器工作效率日报表

机器编号	生产项目				工作时数	标准使用工时	效率	原因及备注
	项目一	项目二	项目三	项目四				

3. 零件自制外购对比分析表

产品名称：

零件名称	零件编号	估计投资额	估计每件成本	外购成本	每月节省成本	每月平均产量	每月收益比率	其他考虑

4. 设备投资经济效益分析表

选择	说明	投资					成本估计									每年节约成本	投资回报率	回收年数	其他优劣比较
		设备价值	附属投资	装设费用	其他	合计	人工成本	动力	维护成本	折旧	建筑分摊成本	其他	每月使用时数	每小时成本	合计				

5. 设备利用率分析表

期间：　月　日至　月　日

<table>
<tr><td rowspan="3">设备编号</td><td rowspan="3">设备名称</td><td colspan="12">设备利用情况</td><td rowspan="3">备注</td></tr>
<tr><td rowspan="2">应有工时</td><td colspan="2">应用工时</td><td colspan="2">加班时间</td><td colspan="2">故障时间</td><td colspan="2">停工时间</td><td colspan="2">其他时间</td><td rowspan="2">设备利用率</td></tr>
<tr><td>工时</td><td>%</td><td>工时</td><td>%</td><td>工时</td><td>%</td><td>工时</td><td>%</td><td>工时</td><td>%</td></tr>
<tr><td></td><td></td><td></td><td></td><td></td><td></td><td></td><td></td><td></td><td></td><td></td><td></td><td></td><td></td><td></td></tr>
<tr><td></td><td></td><td></td><td></td><td></td><td></td><td></td><td></td><td></td><td></td><td></td><td></td><td></td><td></td><td></td></tr>
<tr><td></td><td></td><td></td><td></td><td></td><td></td><td></td><td></td><td></td><td></td><td></td><td></td><td></td><td></td><td></td></tr>
<tr><td></td><td></td><td></td><td></td><td></td><td></td><td></td><td></td><td></td><td></td><td></td><td></td><td></td><td></td><td></td></tr>
<tr><td colspan="2">合计</td><td></td><td></td><td></td><td></td><td></td><td></td><td></td><td></td><td></td><td></td><td></td><td></td><td></td></tr>
</table>

6. 备件存量管制表

编号：　　　　　　　　　　　　　　　　日期：　　年　月　日

<table>
<tr><td>备件名称</td><td></td><td>厂牌规格</td><td></td><td>货源</td><td></td></tr>
<tr><td>购货前置时间</td><td></td><td>最高存量</td><td></td><td>最低存量</td><td></td></tr>
<tr><td>日期</td><td>入库数</td><td>出库数</td><td>结余数</td><td colspan="2">备注</td></tr>
<tr><td></td><td></td><td></td><td></td><td colspan="2"></td></tr>
<tr><td></td><td></td><td></td><td></td><td colspan="2"></td></tr>
<tr><td></td><td></td><td></td><td></td><td colspan="2"></td></tr>
</table>

第 6 章 库存成本控制

6.1 库存成本控制内容

6.1.1 库存成本构成

库存成本指存储在仓库里的物资所需的成本，还包括订货费、购买费、保管费。库存成本的构成一般可分为三个主要部分，即库存获得成本、库存持有成本以及库存缺货成本。

1. 库存获得成本

库存获得成本是指企业为了获得物料并保持库存水平而需承担的费用。一般企业获得物料分为自制和外购两种情况，根据物料获得方式的不同，其库存获得成本构成亦不相同，具体构成情况见表6—1。

表 6—1 库存获得成本具体构成表

外购物料库存获得成本		自制物料库存获得成本	
物料购买支付成本	订购成本	生产准备成本	制造成本
◎物料货款 ◎运输费用 ◎税金 ◎其他手续费用	◎请购手续成本 ◎采购管理成本 ◎进货验收成本 ◎进库成本	◎生产线改造费用 ◎技术管理费用	◎设备成本 ◎材料费用 ◎人工成本 ◎检查费用

2. 库存持有成本

库存持有成本是指企业因一段时期内持有或储存物料而发生的

费用开支。具体可分为管理成本、资金成本和风险成本三个部分，具体如图 6—1 所示。

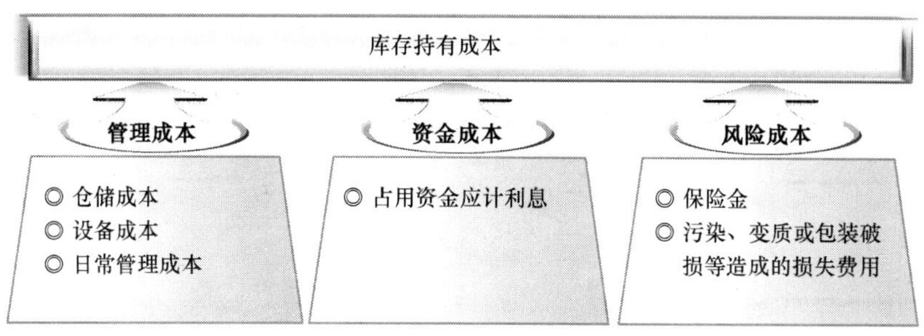

图 6—1 库存持有成本具体构成图

3. 库存缺货成本

库存缺货成本主要是指企业因物料库存供应中断所引起的损失以及为防止缺货情况出现所采取措施而产生的成本，库存缺货成本具体构成如图 6—2 所示。

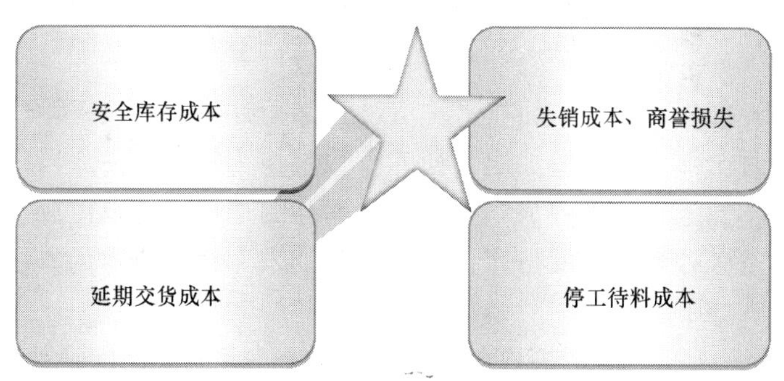

图 6—2 库存缺货成本构成图

6.1.2 库存成本核算

1. 库存成本核算方法

库存成本核算主要是对企业库存总成本以及单位成本的核算，库存成本的核算可以通过如图 6—3 所示的 6 种方法来完成。

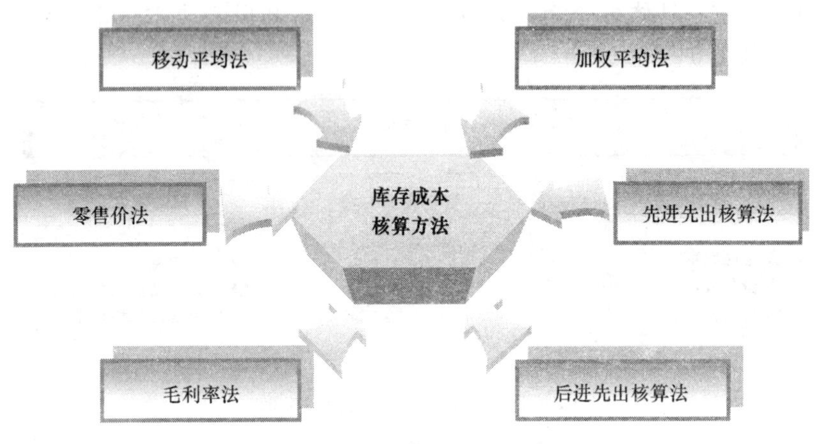

图 6—3　库存成本核算方法

（1）移动平均法。移动平均法，即库存入库时，每次均要根据库存库存数量和总成本计算新的平均单位成本，并以新的平均单位成本确定领用或者发出库存的计价方法。单位成本的计算公式如下。

$$单位成本=\frac{库存成本}{库存数量}$$

（2）加权平均法。加权平均法，又称全月一次加权平均法，是指以当月全部进货数量加上月初库存数量作为权数，去除当月全部进货成本加上月初库存成本，计算出库存的加权平均单位成本，并以此为基础计算当月发出库存的成本和期末库存的成本的方法，其计算公式如下。

$$加权单位成本=\frac{月初结存存货成本+本月购入存货成本}{月初结存存货数量+本月购入存货数量}$$

（3）先进先出核算法。先进先出核算法，是指物料的最新发出（或领用），以该物料各批次入库的时间先后决定其库存发出计价基础，越先入库的越先发出。在每天日结后更新一次成本价，如没有未勾对销售，则按当天商品出货金额计算，如存在未勾对销售，那么该部分销售成本按最后进价计算成本。待验收单补上后按实际出货金额与当时销售成本差额产生提价金额。

采用先进先出法时，期末结存库存成本接近现行的市场价值，所以企业不能随意挑选库存的计价以调整当期利润，而且工作量比较烦琐。

当物价上涨时，会高估企业当期利润和库存价值；反之，会低估库存价值和当期利润。

（4）后进先出核算法。在物价持续上涨时期，可使当期成本升高，利润降低，可以减少通货膨胀对企业带来的不利影响，是较为稳健的方法之一。

（5）毛利率法。毛利率法，是指根据本期销售净额乘以前期实际（或本月计划）毛利率匡算本期销售毛利，并计算发出库存成本的一种方法，计算公式如下所示。

销售净额＝商品销售收入－销售退回与折让

销售毛利＝销售净额×毛利率

销售成本＝销售净额－销售毛利

期末库存成本＝期初库存成本＋本期购货成本－本期销售成本

（6）零售价法。零售价法，是指库存物料按零售价核算，零售价和实际进价的差额计入进销差价科目，月底分配；采用此种方法核算时，年度内各月可采用“综合差价分摊法”或“分类差价分摊法”计算本期营业成本，但在年终结算前，应对各种商品的进销差价进行核实调整。

2. 注意事项

（1）企业成本会计进行核算时，所有成本费用应为含税进价金额，仓储部进行物料验收时的数量应为包括赠品的验收数量。

（2）企业成本会计在核算库存成本时，同类物料只能选择一种核算办法，需要变更时应提前上报财务部主管，经财务总监审核，总经理批准后，从下一财务年度起执行。

6.1.3　库存成本分析

库存成本分析的内容主要包括库存成本影响因素分析、库存成本结构分析以及库存成本变化趋势分析。

1. 库存成本影响因素分析

班组长在进行库存成本分析前，应首先明确影响库存成本总额的主要因素，以便从自己能掌控的因素入手进行库存成本控制。根据一般企业的生产经营特点，影响库存成本的主要因素如图 6—4 所示。

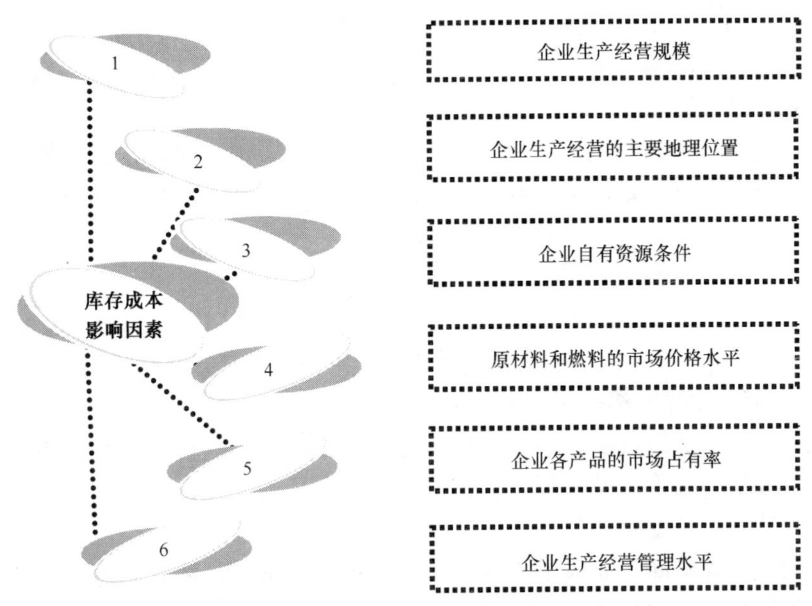

图 6—4　库存成本的主要影响因素

2. 库存成本结构分析

库存成本结构分析，首先应进行库存成本总额的核算，明确库存成本各成本分项所占库存成本总额的比率，分析成本结构的合理性，考察各部门的管理措施和水平，并通过比较分析，总结经验和教训，制订今后的工作计划。

库存成本控制的根本是消除过量成本即不必要成本，从该角度出发，企业还可以将库存成本分成必要库存成本和不必要库存成本两类，其定义及特点如图 6—5 所示。

图 6—5　必要和不必要库存分辨标准

企业成本会计在将库存费用按照上图所示定义及特点划分，并进行分项成本核算，计算不必要库存成本比率，其计算公式如下。

$$不必要库存成本比率=\frac{不必要库存成本}{总库存成本}\times 100\%$$

企业可通过对设置不必要库存成本比率标准指标以判断库存成本的合理性，以及相关人员对库存成本的管理情况。

3. 库存成本变化趋势分析

库存成本变化趋势分析采用时间比较分析法，通过对库存成本的核算，比较本月与上月、今年与去年同期的情况，分析并预测库存成本总额及各分项成本的变化趋势，分析库存成本各项增加或减少的原因，判断现有库存管理方法是否适宜，并对管理效果不明显的事项提出改进方案。

除对库存各分项成本的变化趋势分析外，还可对库存的单位成本和库存周转率的变化趋势进行比对，判断企业的总体管理效果。

其中库存周转率是直接影响企业获利能力的重要指标，主要反映固定时期内企业利用库存的效率和资金流转移速度，其计算公式如下。

$$库存周转率=\frac{使用物资总金额}{平均库存金额}$$

6.2 库存成本控制方法

6.2.1 库存持有成本控制方法

库存持有成本与库存量直接相关，当库存量过多时，则会增加库存占用资金和呆、废料损失；当库存量过少，则可能造成企业因生产物料供应不足延误生产。因此，企业须制定合理的安全库存量和请购点，以此降低库存量，从而降低库存持有成本。

库存持有成本控制的重点，包括如图 6—6 所示两项内容。

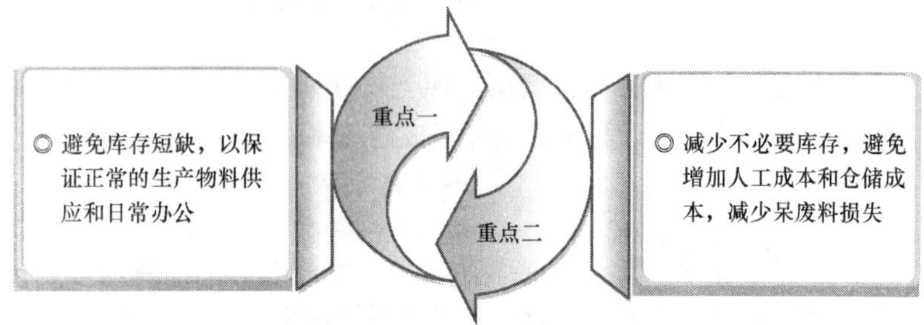

图 6—6　库存持有成本控制重点

1. 避免库存短缺的措施

（1）设定安全库存量。安全库存量是指为了防止由于不确定性因素（如大量突发性订货、交货期突然延期等）而准备的缓冲库存。安全库存量的确定流程如图 6—7 所示。

2. 减少不必要库存的措施

在一般企业生产经营过程中，不必要库存主要包括在途库存、滞销库存、预留库存、在制品库存和待检品库存等内容。

控制不必要库存可采用零库存成本控制法（下面简称 JIT 库存管理法），使库存始终控制在极限范围内，以达到降低库存持有成本的目的。

（1）JIT 库存管理定义。JIT 库存管理，是指企业仅在需要时按

图 6—7　安全库存量的确定流程图

照要求的量生产所需的产品，通过对生产的计划和控制以及对库存的管理，追求极限库存的库存管理方式。

极限库存在实际生产经营中是不存在的，所以文中所述的“零库存”实际上是指原材料、成品或半成品在采购、生产、运输以及销售等企业生产运营环节中，始终处于周转状态，而不以仓储形式存在。

（2）JIT 库存成本控制策略。实施 JIT 库存管理法，应当强调员工的参与与管理，并对生产过程进行持续的变革，以小的批量实现柔性化生产。要实现 JIT 库存管理，可以采用如图 6—8 所示四项策略。

6.2.2　库存获得成本控制方法

库存获得成本分为自制和外购两种情况，在此以外购物料的库存获得成本为例进行控制方法的说明。

库存获得成本控制的重点主要是确定合理的库存订货点、订货周期和订货量三点。为控制库存获得成本企业应综合运用经济订货法、定量订货法以及定期订货法，通过制定库存警戒点或设置采购

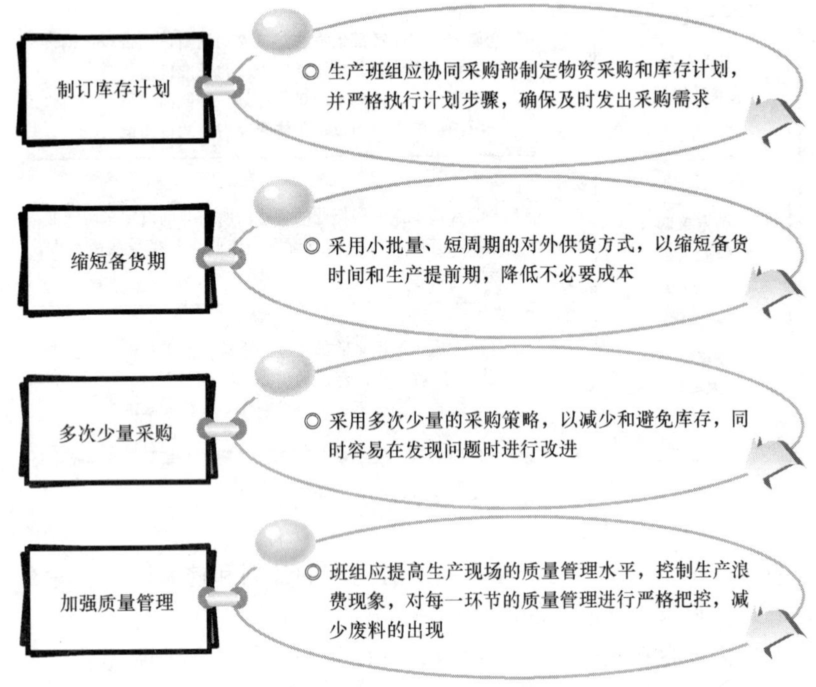

图 6—8　JIT 库存管理策略示意图

周期等方法进行控制。

1. 定量订货法

定量订货法是通过预先确定一个订货点和订货批量（一般以经济批量 EOQ 为标准），之后严密监督库存变化，当库存量下降到规定的订货点时立即提出订货，已达到控制库存目的的方法。

定量订货法，采用经济订货批量法确定订购数量，企业可通过运用该方法能够使物料订货总成本最小。

在该方法的简化运用模型中，可不设安全库存，无论时间如何变化，年需求（D）、提前期（L）、价格（C）、每次订货成本（S）、单位商品年保管成本（H）都是常数，订货量（Q）设定为经济订货批量（EOQ），具体计算步骤如下所示。

Q 的最小值 Q_{opt} 可称为经济订货批量（EOQ），是使订货成本与保管成本相等的值，其计算公式如下。

$$Q_{opt}=EOQ=\sqrt{\frac{2DS}{H}}$$

订货点的确定主要取决于年需要量和提前期两个因素，不设安全库存情况下，订货点计算公式如下。

$$R=L\times\frac{D}{365}$$

2. 定期订货法

定期订货法是基于时间的库存控制方法，它通过设定订货周期和安全库存、最高库存量，按照订货周期订货以补充库存的方式，使库存成本始终保持在合理范围内。

定期订货法可按照年度、季度、月度以及经济订货周期等周期进行。在实际运用中，企业往往采用经济订货法确定订货周期，经济订货周期即年库存成本最低的订货周期，其计算公式如下。

$$\text{经济订货周期}=\sqrt{\frac{2\times\text{每次订货费用}}{\text{年需求量}\times\text{单位物资价格}\times\text{存储费率（资金的百分比）}}}$$

3. 其他控制措施

（1）请购过程控制。为降低请购过程中发生的成本与费用，企业需明确制定请购的审批权限，优化请购流程，降低人工费用和手续费用。企业具体的请购审批权限规定见表 6—2。

表 6—2　　　　　　　　请购授权审批权限一览表

采购项目	采购金额	请购程序			
		申请人	初核人	复核人	核准人
计划内采购	0～10 000 元	生产部	采购部经理	财务部经理	财务部经理
	10 000 元以上	生产部	采购部经理	财务部经理	主管副总
计划外采购	全部	生产部	采购部经理	财务部经理	主管副总

（2）采购过程控制。采购过程中发生的估价、供应商选择、议价比价等相关活动直接影响着采购人工费用、管理费用、差旅费和电话费等订购成本，企业须对这些活动进行有效的控制，优化采购流程。

对于生产班组来说，控制库存获得成本的主要方法，是向采购部推荐供应商，以减少采购部市场调研时间和供应商筛选时间，并协助采购部进行供应商选择的现场评审，选择条件适宜的供应商。

（3）把控质量损失。物料采购回来后，入库前、上生产线之前都应做好验收工作，以防止质量不合格造成的成本损失。

6.2.3 库存缺货成本控制方法

库存缺货成本的控制重点是对供应链的管理，主要通过与供应商建立合作关系，达到分散库存和供应风险的目的。一般采用供应商管理库存方法、关键因素分析方法等。

1. 供应商管理库存（VMI 管理模式）

VMI 管理模式是从快速响应和高效客户响应两种模式的基础上发展而来的，主要是指供应商与用户企业按一定方式共享企业当前的库存量与耗用数据，由供应商企业自主决定企业的补货计划，对企业进行快速有效地补货的一种管理方式。

（1）VMI 的管理优势。这种库存管理策略打破了传统的各自为政的库存管理模式，体现了供应链的集成化管理思想，并最大可能地减少由于独立预测的不确定性导致的商流、物流和信息流的浪费，降低供应链的总成本。

（2）推行 VMI 的条件。企业在实施 VMI 之前，应首先对自身条件及市场环境进行分析。一般情况下，推行 VMI 需要实现以下四个条件，具体如图 6—9 所示。

（3）VMI 的实施步骤。VMI 管理方法可以通过如图 6—10 所示的步骤来实现。

（4）VMI 模型延伸发展。企业近年来在 VMI 库存管理的基础上，

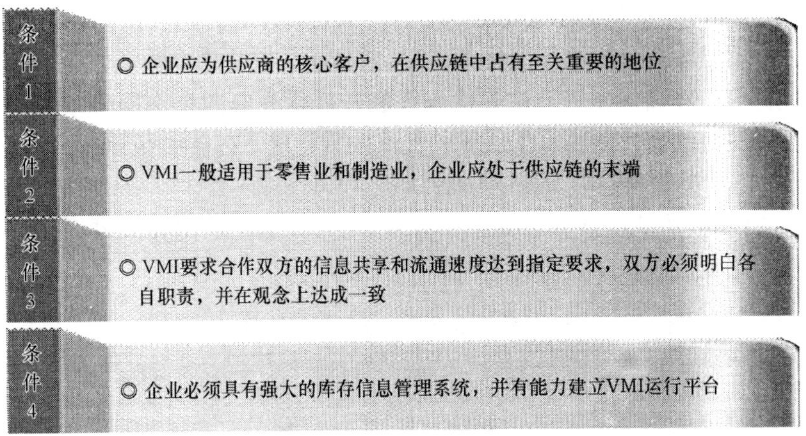

图 6—9 推行 VMI 的条件

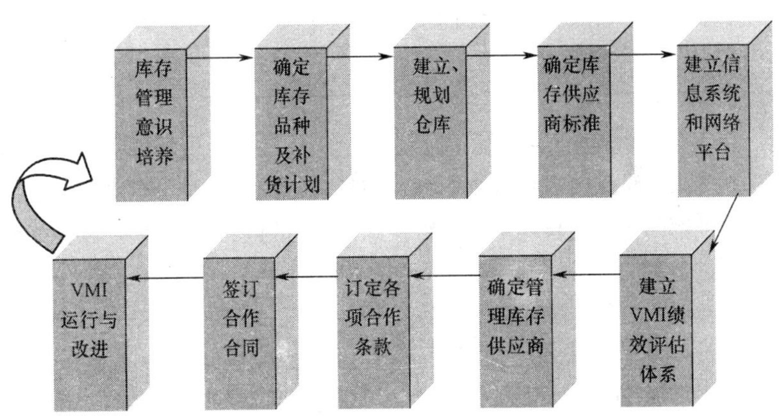

图 6—10 VMI 实施步骤示意图

发展出供应链上游企业和下游企业权利责任平衡和风险共担的库存管理模式——联合库存管理模式（Jointly Managed Inventory，JMI）。

联合库存管理强调合作双方同时参与供应链中各个节点，共同制订库存计划，保证供应链各个节点之间的库存管理者对需求的预期保持一致，从而消除了需求变异放大现象。

2. 关键因素分析法

关键因素分析法，又称为CAV管理法，它将库存物料分为最高优先级、较高优先级、中等优先级和较低优先级四个不同等级，对不同等级的库存物料赋予不同的允许缺货程度，以弥补ABC分类法对B、C类物料不够重视的缺陷。

CAV的基本思想是将库存物料分为35类，具体分类依据及管理策略见表6—3。

表6—3　　CAV管理法分类依据及管理策略

等级	分类依据	管理策略
最高优先级	关键性物料	不允许缺货
较高优先级	基础性物料	允许偶尔缺货
中等优先级	比较重要的物料	允许在合理范围内缺货
较低优先级	经营中需用但可替代的物料	允许缺货

对于现场生产班组来说，应及时向上级反映生产现场库存使用情况和物料需求，是保持或降低企业库存缺货成本的基础。生产班组长还应积极协助部门主管对长期生产物料使用需求进行预测和计划，以便采购部门制订合理的采购计划，以降低生产物料缺货情况的出现。

3. 降低缺货损失的其他方法

(1) 在生产物料短缺的时间内，班组长应做好班组人员工作的安排，统筹安排其他的工作，尽量减少生产线停工待料，或者作业员工停工待料的现象，以减少库存缺货成本。

(2) 在物料短缺的过程中，班组长应协调质量、设计部门，确定是否有可替代的生产物料，并重新申请采购，以减少缺货带来的损失。

(3) 短缺物料补上后，生产部各班组应合理安排加班加点，避免因不能及时交付而造成客户流失，进而产生更大的损失。

(4) 生产部应当留有适量的安全库存，以应对在物料短缺时的生产作业需要。

6.3 库存成本控制实务

6.3.1 库存成本控制流程

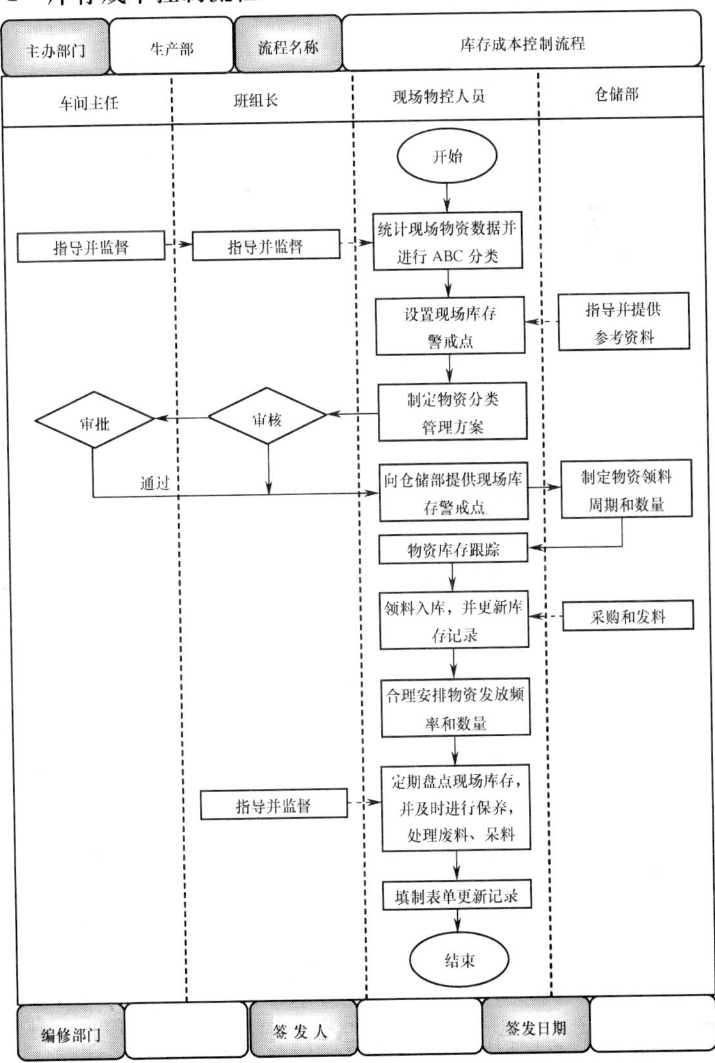

6.3.2 库存成本控制制度

制度名称	库存成本控制制度	编　　号	
		执行部门	

第1章　总　　则

第1条　目的

为了达到以下目的，特制定本制度。

1. 保障库存物料供给，合理分布库存，实现科学库存管理。

2. 降低库存管理成本，保证在库存成本的合理范围内达到满意的客户服务水平。

3. 通过降低库存成本，有效提升公司利润。

第2条　适用范围

本制度适用于规范公司所有仓库的库存成本控制工作。

第3条　管理职责

1. 仓储部负责库存控制分析、规划和决策，向生产部提供实时库存状况，并向采购部提出合理的请购计划；做好物料盘点、费用统计工作。

2. 采购部根据请购计划制定合理的采购方案，保证物料的合理供应，并提供采购提前期等数据，协助库存控制决策。

3. 财务部负责库存费用统计核算、采购费用统计核算、生产成本及缺货成本的统计核算工作，为库存量、请购点、经济订货批量的计算提供准确依据。

4. 生产部根据市场需求计划制订生产计划，并根据生产计划制订物料需求计划，将物料需求计划报至采购部和仓储部，并根据库存量、客户需求等合理调整生产时间。

第4条　术语说明

1. 本制度所提顾客服务水平，是指库存满足用户需求的能力。

2. 本制度所提最低库存量，是指为保险起见而设定的库存量，一般情况下应当设定3～5天的量。

3. 本制度所提请购点，是指采购作业期间的需求量加上安全库存量。

第5条　库存成本控制原则

库存管理人员在进行库存成本控制时应当遵循以下两个原则。

1. 应用物流成本管理会计制度，库存管理人员应协助财务部建立系统的物流管理会计制度，详细地记录订货费、保管费、缺货费、补货费等，从而精确地核算库存成本。

2. 总费用最小原则，仓储部应当与采购部、生产部等相关部门一同核算库存总费用，在库存管理工作的单项费用之间进行合理协调，确保库存成本最低。

相关部门应建立库存成本定期统计分析制度，定期对库存成本进行统计分析。

续表

<table>
<tr><td rowspan="2">制度名称</td><td rowspan="2">库存成本控制制度</td><td>编　　号</td><td></td></tr>
<tr><td>执行部门</td><td></td></tr>
<tr><td colspan="4">

第 2 章　库存量控制

第 6 条　库存盘点

1. 仓管员应定期组织盘点库存物料，发现升溢或者缺损的，应及时办理物料盘盈、盘亏报告手续，填具物料盘盈、盘亏报告表，报经领导批准，并列入账中。

2. 仓管员应将盘点结果予以汇总，报至库存控制专员进行分析。

3. 库存控制专员根据库存实时情况、生产计划确定物料需求计划，并制订合理的请购计划。

第 7 条　用量预测规范

1. 物控员应清楚地掌握库存进出库的资料，以及其他相关资料，进行库存量预测。需要收集和分析的资料应包括市场需求、产品生命周期、物料价格变动趋势、物料库存现状及物料需求与消耗现状。

2. 用量稳定的物料存量由物料控制主管依据去年的平均月用量，并参酌今年营业的销售目标与生产计划设定，若产销计划有重大变化（如开发或取消某一产品的生产、增产计划等）应修订月用量。

3. 季节性与特殊性物料由仓储主管催促生产管理人员于每年 3、6、9、12 月的 25 日以前，依前三个月及去年同期各月份的耗用数量，并参考市场状况，拟订次季各月份的预计销售量，再乘以各产品的单位用量，而设定预估月用量，以指导仓库工作。

4. 对市场难以准确把握的物料原则上实行零库存管理，对低于最低存量或者超过最高存量的物料，仓库要及时通知生产部、采购部。

第 8 条　选择预测方法

库存控制专员需根据公司实际情况选择库存量预测的方法，从下列两种方法中作出选择。

1. 定性预测法。对熟悉情况、经验丰富的经理、销售人员、生产人员、顾客做调查，靠个人经验和判断来分析物料需求和产品需求量，然后通过计算推测出需要保有的库存量。

2. 定量预测法。根据完整全面的记录资料，运用数学方法进行科学推算，预估未来的库存量。需优先采用时间序列法和计量经济模型法。

第 9 条　设定安全存量

1. 库存控制专员应当确定物料安全库存量。并促使仓库库存在安全库存量以上，以减少缺货情况，降低缺货成本，提高公司服务水平。

</td></tr>
</table>

续表

制度名称	库存成本控制制度	编　　号	
		执行部门	

2. 安全库存量的计算公式如下。

安全库存量=(生产周期+运输时间+检验时间)×单位时间用量+最低库存量

现场物控员可根据仓储部关于安全存量的管理方案，制定生产现场物料库存安全存量。

第 10 条　设置请购点

1. 库存控制专员应通过对历史数据的分析，确定不同物料的库存维持费用，估算由此产生的财务支出。

2. 据库存维持费用、物料需求情况、安全库存量等数据合理设定请购点。

第 11 条　设定存量基准

库存控制专员应将存量管理标准填入"存量基准设定表"，报生产部经理批准后建档。

第 3 章　库存成本分析

第 12 条　核算库存订购成本

库存控制专员负责根据订货费、运输费、保管费、缺货费、人员费用等各项费用，核算出库存订购成本、库存维持成本和缺货成本，供物料控制主管决策使用。

第 13 条　库存成本统计分析

库存成本统计分析应一个月一次，到了月末，把本月发生的各项成本统计出来，并且求出总成本。然后进行分析，分析方法可采用两种，具体方法说明如下图所示。

分析方法	实施方法	主要用途
成本时间比较分析法	◎ 本月与上月比较，今年与去年同期比较	◎ 从变化趋势分析原因
成本结构比较分析法	◎ 比较各部门、各班组和各项费用	◎ 考察各部门的管理措施和水平 ◎ 经过比较分析，找出经验和教训，制订今后的工作计划

库存成本分析方法说明图

续表

<table>
<tr><td rowspan="2">制度名称</td><td rowspan="2">库存成本控制制度</td><td>编　号</td><td></td></tr>
<tr><td>执行部门</td><td></td></tr>
</table>

第4章 实施库存成本控制措施

第14条 实行目标成本责任制度

1. 为了实现公司的经营目标和利润目标，实行目标成本责任制度，财务部成本中心应将目标成本进行层层分解，把责任成本与各层级、各岗位员工个人的责任挂钩，签订“成本目标责任书”，使每个职工都承担一定的成本责任。

2. 通过成本考核及成本目标管理，使各责任部门明确其责任范围，使考核结果与有关当事人的经济利益、任免和升迁直接联系起来，促使各责任部门及有关责任人自觉地执行各项成本的计算，使仓储成本分析具有层次性和针对性。

第15条 推行定额管理制度

1. 定额是编制成本计划和考核成本水平的依据，也是审核和控制耗费的标准。

2. 公司各部门应根据自身的设施条件、技术状况和实际业务特点，结合职工技能等方面因素来制定和修订定额，并据以审核各项耗费是否合理，借以控制耗费、降低物流成本。

第16条 使用经济订货批量方法

1. 库存控制专员应配合采购部，根据采购产品的价格、库存订购成本、库存保管费用、是否允许缺货等情况，利用经济订货批量模型，计算出最经济的订货批量和订货周期。

2. 当库存水平到达请购点之前，库存控制专员应当及时向采购部提出请购计划，并在请购计划中说明现有库存量、在途库存量及安全库存量以利审核，审核无误后由采购单位办理采购。

3. 因库存控制专员未能及时提出请购造成的供应短缺，应由生产部负责。生产部及时提出请购而采购部没有按照要求及时到货，责任应由采购部承担。

第17条 库存成本分层控制

仓储部应会同生产部、销售部、采购部等一起对库存成本进行控制。库存成本的控制包括库存持有成本、库存订货成本和库存缺货成本的控制。

1. 库存持有成本控制，通过对物料的分析，库存控制专员需确定定需库存及无须库存的物料，确定库存的规模、周转率和分布情况，减少库存持有成本。

2. 库存订货成本控制，库存控制专员负责确定正确的订货方法，制定库存的再订货点、订货周期和每次的订货量。

续表

制度名称	库存成本控制制度	编　号	
		执行部门	

3. 库存缺货成本控制，库存控制专员负责根据生产部的生产计划和销售部的销售计划，正确作出库存的需求预测，避免因为缺货发生的损失。

第 18 条　库存分类控制

为了按照物料的重要性合理地控制库存量，将物料按照战略重要程度分为 A、B、C 三类，每类物料的划分标准及库存管理方法如下图所示。

库存分类控制措施

库存分类	划分方法	具体管理办法
A类	◎ 年度货币量最高、占消耗金额累计70%左右的物资	◎ 保持最完整的库存记录，建立完善的库存盘点制度 ◎ 掌握该类物资的收、发、结存情况 ◎ 严格按科学的方法计算每个品种的经济订货量、保持储备量，防止缺货
B类	◎ 年度货币量中等，占总价值的15%～25%的物资	◎ 计算经济批量和安全库存量，做好库存记录 ◎ 不必详尽掌握所有的收、发、结存情况 ◎ 在适当的时候可以将若干种B类物资合并订购
C类	◎ 年度货币量较低，占消耗金额累计的5%～10%左右的物资	◎ 进行简易库存控制，可采用半年或者一年的采购周期 ◎ 库存记录不必非常详细

库存分类控制措施说明图

第 19 条　利用作业基准成本法改进作业链

减少作业消耗，提高作业质量，并在整个作业周期内进行战略成本管理，为实施物流流程再造、业绩评价等提供成本信息；通过高效率的配送来降低仓储库存成本。

第 20 条　培养基层节约意识

企业应组织各生产班组组长进行生产现场节约意识培训，并指导并监督其进行班组内节约教育培训，以保证物料节约意识在生产一线的传播普及，减少生产库存用量，间接减少企业的库存成本。

续表

制度名称	库存成本控制制度	编　　号	
		执行部门	

第 21 条　加强生产现场质量管理

企业应要求生产班组长加强对其管理范围内的各生产环节的质量管理工作，普及生产责任制，并建立质量指标体系，以减少生产废料，间接降低企业的库存成本。

第 5 章　附　　则

第 22 条　本制度由生产部会同仓储部制定，经总经办审核后通过。

第 23 条　本制度自颁布之日起执行。

编制人员		审核人员		批准人员	
编制日期		审核日期		批准日期	

6.3.3　库存成本控制方案

方案名称	库存成本控制方案	编　　号	
		执行部门	

一、目的

执行 ABC 分类管理，将物料管理程度进行区分，使公司的资源、人力和管理重心集中在最重要的项目上，形成高效的库存周转，降低采购成本。

二、库存成本控制措施

本公司库存成本控制方法，主要采用 ABC 分类法与定量采购方法结合的方式。

（一）ABC 分类法

ABC 分类法是根据事物在技术或经济方面的主要特征，进行分类排队，分清重点和一般，从而有区别地确定管理方式的一种分析方法。ABC 分类法在采购工作中的运用，通常是按照采购物料的金额和种类的数据特点进行划分，将采购物料分成 A、B、C 三大类，具体分类情况见下表。

库存物料分类控制表

类别	划分标准		控制方法	适用范围
	占物料价值比重	数量/种类量比重		
A类	70%左右	不超过 20%	重点控制	品种/数量少、单位价值高的物料
B类	20%左右	不超过 30%	一般控制	介于 A 类和 C 类物料之间的物料
C类	10%左右	不低于 50%	简单控制	品种/数量多、单位价值低的物料

续表

<table>
<tr><td rowspan="2">方案名称</td><td rowspan="2">库存成本控制方案</td><td>编　号</td><td></td></tr>
<tr><td>执行部门</td><td></td></tr>
</table>

（二）定量控制法

定量控制方法是对公司库存物料中，品种和数量较少但价值较高的物料，预先确定一个订货点和订货批量（一般以经济批量 EOQ 为标准），通过严密监督其库存变化，当库存量下降到规定的订货点时立即提出订货，以保证库存长期保持在固定范围内的方法。通过减少此类物料的持有成本和获得成本，达到控制库存成本的目的。

（三）定期控制法

定期控制法是基于时间的库存控制方法，它通过设定订货周期和安全库存、最高库存量，按照订货周期订货以补充库存的方式，使库存成本始终保持在合理范围内。其控制的关键点是确定合理的订货周期。

三、ABC 库存控制原则

仓管员在进行物料 ABC 分类管理的过程中，应严格按照物料分类等级和管理原则执行，具体控制原则如下图所示。

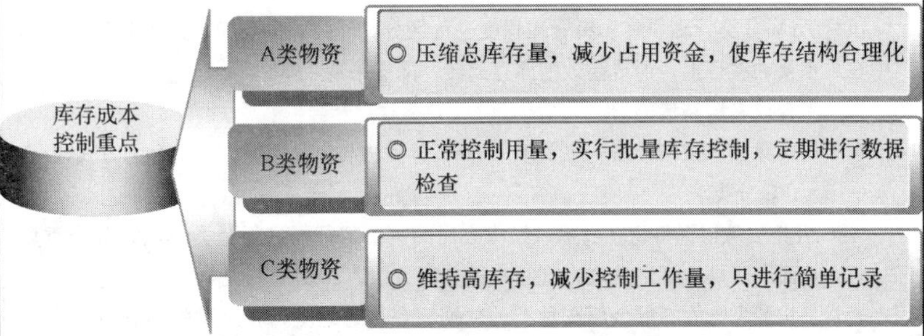

ABC 分类控制原则

四、具体应用措施

（一）ABC 划分步骤

1. 将一年或者某一个周期内各物料的采购金额进行统计，然后按照由大到小的顺序排列。

2. 将各物料的采购金额与采购总金额进行对比，计算其所占的百分比。

3. 计算累计百分比。累计百分比的数据是由小到大排列的。

续表

<table>
<tr><td rowspan="2">方案名称</td><td rowspan="2">库存成本控制方案</td><td>编　　号</td><td></td></tr>
<tr><td>执行部门</td><td></td></tr>
</table>

4. 按照公司制定的 ABC 分类划分标准进行分类。当公司实际采购物料种类非常多，甚至 A 类物料的种类也超过几十种时，可以对物料再次分类。以 A 类物料为例，可将其分为 AA、AB 与 AC 类，并将管理重点放在 AA 类物料上。

（二）库存控制措施

1. A、B、C 类物料库存成本控制重点

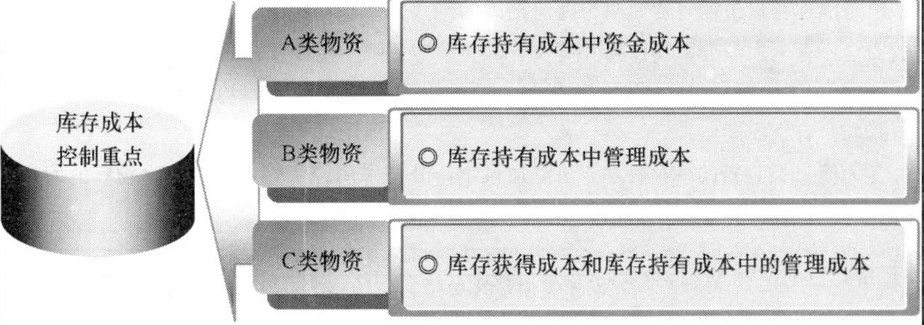

2. A 类物料库存控制措施

A 类物料的库存管理采取定量控制方法，即当物料达到库存警戒点时，按照经济批量计算结果进行库存补充。

(1) 经济订货批量

通过对本公司相关数据调查，已知某物料年需求为 D，提前期为 L，价格为 C，每次订货成本为 S，单位商品年保管成本为 H，订货量 Q 设定为经济订货批量 EOQ，经济订货批量 EOQ 计算公式如下。

$$经济订货批量=\sqrt{\frac{2\times年需求量\times单位订货成本}{年保管费用}}$$

(2) 库存警戒点

库存警戒点主要取决于年需要量和提前期两个因素，不设安全库存情况下，其计算公式如下。

$$库存警戒点=提前期\times\frac{年需求量}{365}$$

3. B 类物料库存控制措施

B 类物料的库存补充采取连续补充方式，即向供应商提供及时、正确的发货报告及库存报告，由供应商确定库存补充计划。

续表

<table>
<tr><td>方案名称</td><td colspan="3">库存成本控制方案</td><td>编　号</td><td></td></tr>
<tr><td></td><td colspan="3"></td><td>执行部门</td><td></td></tr>
<tr><td colspan="6">4. C类物料库存控制措施
C类物料的库存管理采用定期控制方法，即选择以季度、年度或经济订货周期为库存补充周期，来降低库存管理成本，每到订货期就根据当前库存情况与允许最高库存量来进行库存补充。
（1）最高库存量
最高库存量包括订货周期与提前期内的平均需求量，以及为保证生产经营而设置的安全库存两大部分，其计算公式如下。
最高库存量＝安全库存＋（订货周期＋提前期）×日均需求量
（2）订货周期
为使C类物料的库存管理方法更加科学，公司采用经济订货周期作为物料的库存补充周期，其计算公式如下。
$$经济订货周期=安全库存+\sqrt{\frac{2\times 每次订货费用}{年需求量\times 单位物资价格\times 存储费率（资金的百分比）}}$$</td></tr>
<tr><td>编制人员</td><td></td><td>审核人员</td><td></td><td>批准人员</td><td></td></tr>
<tr><td>编制日期</td><td></td><td>审核日期</td><td></td><td>批准日期</td><td></td></tr>
</table>

6.3.4 库存成本控制表单

1. 库存日报表

名称	批号	等级	规格	昨日结存		本日缴库		本日出库		本日退回		本日结存	
				数量	金额	数量	金额	数量	金额	数量	金额	数量	金额

2. 库存月报表

<table>
<tr><th rowspan="2">品名</th><th rowspan="2">规格</th><th rowspan="2">单位</th><th colspan="3">上期结存</th><th colspan="3">本期入库</th><th colspan="3">本期出库</th><th colspan="3">本期结存</th><th rowspan="2">备注</th></tr>
<tr><th>数量</th><th>单价</th><th>金额</th><th>数量</th><th>单价</th><th>金额</th><th>数量</th><th>单价</th><th>金额</th><th>数量</th><th>单价</th><th>金额</th></tr>
<tr><td></td><td></td><td></td><td></td><td></td><td></td><td></td><td></td><td></td><td></td><td></td><td></td><td></td><td></td><td></td><td></td></tr>
<tr><td></td><td></td><td></td><td></td><td></td><td></td><td></td><td></td><td></td><td></td><td></td><td></td><td></td><td></td><td></td><td></td></tr>
<tr><td></td><td></td><td></td><td></td><td></td><td></td><td></td><td></td><td></td><td></td><td></td><td></td><td></td><td></td><td></td><td></td></tr>
</table>

3. 库存金额月报表

物料名称	物料数量	库存总额	平均月使用金额	估计可供应天数	备注

4. 基准存量设定表

<table>
<tr><th rowspan="2">编号</th><th rowspan="2">品名</th><th rowspan="2">规格型号</th><th rowspan="2">单位</th><th rowspan="2">去年平均月用量</th><th rowspan="2">设定月用量</th><th colspan="2">安全存量</th><th colspan="2">请购量</th><th rowspan="2">设定请购量</th><th rowspan="2">最小包装量</th></tr>
<tr><th>天数</th><th>数量</th><th>天数</th><th>数量</th></tr>
<tr><td></td><td></td><td></td><td></td><td></td><td></td><td></td><td></td><td></td><td></td><td></td><td></td></tr>
<tr><td></td><td></td><td></td><td></td><td></td><td></td><td></td><td></td><td></td><td></td><td></td><td></td></tr>
<tr><td></td><td></td><td></td><td></td><td></td><td></td><td></td><td></td><td></td><td></td><td></td><td></td></tr>
</table>

仓储主管：　　　　　　　　　　　　　　　　　　经办人：

5. 货物存量明细表

货物名称		规格型号	
储位名称		储位标号	
货物编号		单位	
补货安全存量		最低安全库存	

续表

日期	凭单号码	摘要	入库量	出库量	结存量	备注

6. 安全存量预警表

品类						
料号	单位	品名规格	现有库存量	安全存量基准	差异数量	建议采购量

7. 呆滞物料处理表

编号：　　　　　　　　　　　　　　　　　日期：　　年　月　日

项次	物料名称	编号	料别	数量	原单价	原价值	处置方式	处置	
								费用	收入

主管：　　　　　　　　　　　　　　　　　　　制表人：

第7章　人员成本控制

7.1　人员成本控制内容

7.1.1　人员成本构成

班组人员成本是指为了获得日常生产经营所需的人力资源，并在使用过程中及人员离职后所产生的所有费用支出，具体包括招聘、录用、教育、培训、使用、管理、医疗、保健、福利等各项费用。

根据人员从进入班组到离开班组整个过程中所发生的人力资源工作事项，可将人员成本分为人员取得成本、人员开发成本、人员使用成本与人员离职成本四大类，具体明细如图7—1所示。

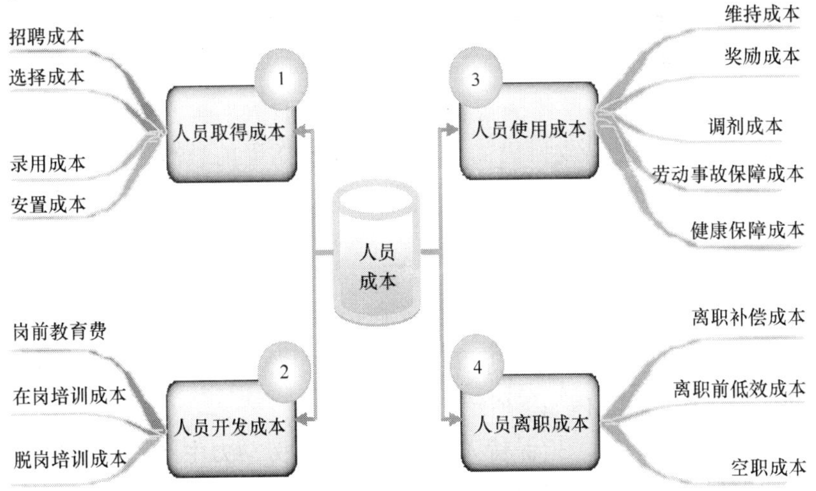

图7—1　人员成本构成表

1. 人员取得成本

人员取得成本是指企业在招募和录取班组员工的过程中发生的成本，主要包括招聘、选择、录用和安置等各个环节所发生的费用。

（1）招聘成本，是指企业为班组吸收内外部人力资源而发生的费用，主要包括招聘人员的直接劳动费用、直接业务费用（招聘洽谈会议费、代理费、广告费、宣传材料费等）、间接费用（行政管理费、临时场地及设备使用费）等。

（2）选择成本，指企业为选择合格的班组员工而发生的费用，包括各个选拔环节（如初试、面试、心理测试、评论、体检等过程）发生的一切与决定录取或不录取有关的费用。

（3）录用成本，指企业为取得已确定聘任班组员工的合法使用权而发生的费用，包括录取手续费、调动补偿费、搬迁费等由录用引起的有关费用。

（4）安置成本，指企业将被录取的班组员工安排在某一岗位上的各种行政管理费用，包括班组为安置人员所损失的时间成本、劳务费、咨询费等。

2. 人员开发成本

人员开发成本是指为提高班组员工的能力、工作效率及综合素质而发生的支出或付出的代价，主要包括岗前教育费、在岗培训成本和脱岗培训成本等，各项成本费用具体含义如图 7—2 所示。

3. 人员使用成本

班组人员使用成本是指班组在使用员工的过程中发生的支出，主要包括工资、奖金、津贴、补贴，社会保险费用，福利费用，劳动保护费用等，具体如下所示。

（1）维持成本，指保持人力资源维持其劳动力生产和再生产所需要的费用，主要指付出员工的劳动报酬，包括工资、津贴、年终分红等。

岗前教育费	◎ 指班组对上岗前的新员工在思想政治、规章制度、基本技能等方面进行教育所发生的费用，具体包括教育与受教育者的工资，教育与受教育者离岗的人工损失费用、教育管理费、资料费用等
在岗培训成本	◎ 指班组为使员工达到岗位要求而对其进行培训所发生的费用，包括上岗培训成本和岗位再培训成本
脱岗培训成本	◎ 指班组根据生产和工作的需要，允许员工脱离工作岗位接受短期（一年内）或长期（一年以上）培训而发生的成本，其目的是为班组培养专门的技术人员

图 7—2　人员开发成本构成

(2) 奖励成本，指班组为了激励班组员工积极工作，而对其超额劳动或其他特别贡献所支付的奖金，包括各种超产奖励、创新奖励、建议奖励或其他表彰支出等。

(3) 调剂成本，指班组为了调剂员工的工作和生活节奏，使其消除疲劳、增进员工团队合作精神所支出的费用，包括员工疗养费用、娱乐及文体活动费用、节假日开支费用、改善企业工作环境的费用等。

(4) 劳动事故保障成本，指企业在班组员工因工受伤和因工作而患职业病的时候，应该给予员工的经济补偿费用，包括工伤和患职业病的工资、医药费、残废补贴、丧葬费、遗属补贴、缺勤损失、最终补贴。

(5) 健康保障成本，指企业承担的因工作以外的原因（如疾病、伤害、生育等）引起班组员工健康欠佳不能坚持工作而需要给予的经济补偿费用，包括医药费、缺勤工资、产假工资和补贴等。

4. 人员离职成本

人员离职成本是指企业在班组员工离职时可能支付给班组员工的离职津贴、一定时期的生活费、离职交通费等费用，主要包括解聘、辞退费用及工作暂停造成的损失等，具体成本费用含义如图7—3所示。

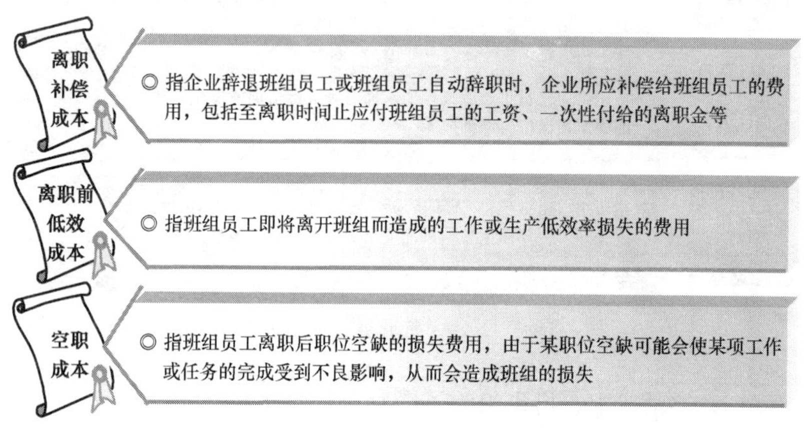

图7—3　人员离职成本构成

7.1.2　人员成本核算

人员成本核算是从人力资源投入的角度出发，对班组人力资源的取得、开发、使用和离职成本进行核算，它是按历史成本进行的事后核算。

人力资源成本项目的内容确认之后，就要选择一定的计量基础和计量方法，将人力资源成本加以量化，可根据人力资源成本项目各自不同的特点，把各个项目所涉及的费用直接或经计算相加，具体如下所示。

1. 人员取得成本的核算

人员取得成本包括招聘成本、选择成本、录用成本及安置成本4大项，其各项具体的核算公式见表7—1。

表7—1　人员取得成本核算公式

人员取得成本	核算公式
招聘成本	招聘成本＝直接劳务费＋直接业务费＋间接管理费＋委托代培费

续表

人员取得成本	核算公式
选择成本	1. 选择成本＝选拔面谈的时间费用＋汇总申请资料费用＋考试费用＋测试评审费用＋体检费 2. 选拔面谈的时间费用＝(每人面谈前的准备时间＋每人面谈所需时间)×选拔者工资率×候选人数 3. 汇总申请资料费用＝(印发每份申请表资料费＋每人资料汇总费)×候选人数 4. 考试费用＝(平均每人的材料费＋平均每人的评分成本)×参加考试人数×考试次数 5. 测试评审费用＝测试所需时间×（人事部门人员工资率＋班组长的工资率)×次数 6. 体检费＝(检查所需时间×检查者工资率＋检查所需器材、药剂费)×检查人数
录用成本	录用成本＝录用手续费＋调动补偿费＋搬迁费＋旅途补助费等
安置成本	安置成本＝各种安置行政管理费用＋必要装备费＋班组安置人员时间损失成本

2. 人员开发成本的核算

根据班组人员开发的特性，班组人员开发成本中占绝大部分的是在岗培训成本及脱岗培训成本，其具体的核算公式如图 7—4 所示。

◎ 在岗培训成本=（班组培训指导者的平均工资率×培训引起的生产率降低率+新员工的工资率×新员工人数）×受训天数+教育管理费+资料费用+培训设备折旧费用

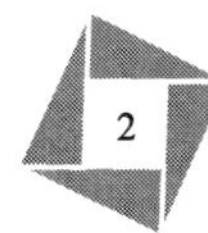

◎ 脱岗培训成本=（学费+住宿费+脱岗人员的平均工资率×脱岗天数）×脱岗人数

图 7—4　人员开发成本的核算公式

3. 人员使用成本的核算

（1）人员使用成本核算公式。在人员使用成本中工资及奖金占据巨大的份额，具体人员使用成本的核算公式如图 7—5 所示。

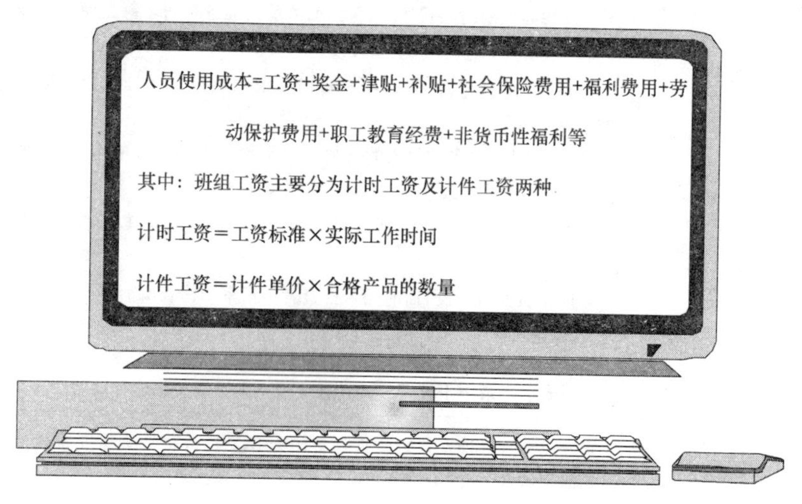

图 7—5　人员使用成本核算公式

（2）原始记录的保管。班组要做好人员使用成本的核算尤其是工资、奖金的核算，就必须做好人员使用成本核算依据的登记、保管工作。人员使用成本核算依据主要有考勤记录、产量和工时记录、奖金及津贴分配记录等，具体如图 7—6 所示。

4. 人员离职成本的核算

人员离职成本中，因某职位空缺给班组造成的损失较难衡量，在此重点介绍离职补偿成本及与离职有关的活动成本的核算，具体核算公式见表 7—2。

产量和工时记录

◎ 产量和工时记录是登记每个生产班组在工作时间内完成工作的数量、质量和完成这些工作量所耗费工作时间的原始记录

◎ 产量和工时记录是班组计算计件工资、分配制造费用的依据

考勤记录

◎ 考勤记录作为计算班组计时工资、加班加点工资、病假工资、夜班津贴的主要依据

◎ 由班组长按日登记班组员工出勤情况，月底汇总，考勤记录可反映每个员工在每个月份的出勤时间、缺勤时间以及缺勤原因等

其他原始记录

◎ 主要指报告停工通知单、奖金及津贴分配表等

图 7—6　人员使用成本核算原始依据

表 7—2　　人员离职成本的核算公式

人员离职成本	核算公式
离职前的面谈费用	1. 离职前的面谈费用＝班组长作为面谈者的时间费用＋离职员工的时间费用 2. 班组长作为面谈者的时间费用＝(面谈前的准备时间＋面谈所需的时间)×班组长的工资率×计划期间的离职人数 3. 离职员工的时间费用＝面谈所需的时间×离职员工的加权平均工资率×计划期间的离职人数
与离职有关的管理活动费用	与离职有关的管理活动费用＝人力资源部对每一离职事件的管理活动所需的时间×人力资源部员工的平均工资率×计划期间的离职人数
离职金	离职金＝每位离职者的离职金×离职人数
离职前效率损失	离职前效率损失＝正常情况平均业绩－离职前期间内平均业绩

7.1.3 人员成本分析

班组人员成本分析的重点工作在于确定合适的分析指标，以全面分析人员成本的构成、数量与指标之间的关系。常见的人员成本分析指标主要包括人员成本总量分析指标、人员成本结构分析指标、人员成本分析比率型指标三个方面。

1. 人员成本总量分析指标

人员成本总量分析指标用班组人均人员成本、班组劳动生产率等指标来反映，具体见表7—3。

表7—3　　人员成本总量分析指标一览表

指标名称	计算公式	用途
班组人均人员成本	班组人均人员成本 $=\frac{\text{班组人员成本总额}}{\text{同期同口径班组职工人数}}$ 其中，职工人数指在本企业本班组工作并由企业向其支付工资的人数	班组人均人员成本可以分析不同企业、不同班组间人员成本的结构差异及对各自竞争潜力和用工效率产生的影响，为调整班组人员成本使用方向和提高使用效益提供参照
班组劳动生产率	班组劳动生产率 $=\frac{\text{班组产值总额}}{\text{班组职工人数}}$	班组劳动生产率主要反映了企业各班组生产活动劳动投入的经济效益指标

2. 人员成本结构分析指标

人员成本结构分析指标主要是指一定时期内，班组人员成本某组成项目占班组人员成本总额的比例，计算公式如下。

班组人员成本某组成项目所占比重＝

$$\frac{\text{该时期班组该组成项目的数量}}{\text{同期人员成本数量}}\times 100\%$$

该指标可用来说明班组各组成部分在班组人员成本中的结构比例关系的变化，班组可根据指标的变动，分析其中具体的结构性变动原因，并采取措施加以调整。

3. 人员成本分析比率型指标

人员成本分析比率型指标主要通过班组人员成本产出系数、班组劳动分配率、班组人事费用率、班组人员成本工资含量、企业人员成本销售收入系数、企业人员成本利润系数和企业成本费用总额中人员成本比重等指标来反映，具体见表7—4。

表7—4　　　　人员成本分析比率型指标一览表

指标名称	计算公式	用途
班组人员成本产出系数	班组人员成本产出系数 $=\frac{\text{班组产值总额}}{\text{班组人员成本总额}}$	反映班组人员成本投入产出效益状况
班组劳动分配率	班组劳动分配率 $=\frac{\text{班组人员成本总额}}{\text{班组产值总额}}\times 100\%$	表示在一定时期内班组新创造的价值中有多少用于支付班组人员成本，反映班组分配关系和人员成本要素的投入产出关系
班组人事费用率	班组人事费用率 $=\frac{\text{班组人员成本总额}}{\text{销售收入总额}}\times 100\%$ 其中，销售收入是指企业销售班组生产的产品的收入，或由提供劳务等取得的收入	反映班组劳动投入占实现价值形态的总产出程度，其倒数表明班组每投入一个单位的人员成本能够实现多少销售收入
班组人员成本工资含量	班组人员成本工资含量 $=\frac{\text{班组职工工资总额}}{\text{班组人员成本总额}}\times 100\%$	反映班组工资占其人员成本的比重
企业人员成本销售收入系数	企业人员成本销售收入系数 $=\frac{\text{企业销售收入}}{\text{企业人员成本总额}}$	反映企业人员成本投入产出效益状况
企业人员成本利润系数	企业人员成本利润系数 $=\frac{\text{企业利润总额}}{\text{企业人员成本总额}}$	反映企业经营状况环境的变动趋势
企业成本费用总额中人员成本比重	企业成本费用总额中人员成本比重 $=\frac{\text{人员成本总额}}{\text{成本费用总额}}\times 100\%$ 其中，成本费用总额指企业产品制造成本、企业销售费用、管理费用、财务费用等费用之和	该指标是企业、行业间商业竞争的重要指标

7.2 人员成本控制方法

7.2.1 人员取得成本控制方法

班组长应积极配合企业对班组人员取得成本的控制管理工作，在保证班组正常生产经营的前提下，合理有效地控制人员取得成本，包括班组人员的招聘成本、选择成本、录用成本及安置成本，采取相应的控制措施，为企业节约成本，创造价值。

1. 合理配置班组人员

班组长在提出班组人员需求时，首先要合理确定班组人员的配置、每个职位人数及相应的工资额度，然后再根据实际生产岗位需求向企业人力资源部提出人员需求，以此来避免人事管理费用和人员成本的浪费。

2. 配合人力资源部工作，减少招聘费用

班组长应积极配合企业人力资源部工作，了解企业人力资源部的招聘计划及招聘方案，提前预计班组岗位人员需求，并将人员需求情况在人力资源部实施招聘方案之前汇报到人力资源部，避免因班组长自己工作失误而为企业带来额外的招聘费用。

3. 提供有效建议，减少选择成本

班组长可以向企业招聘人员提供一些选择合格的班组员工的有效建议，减少选拔的环节，为企业减少选拔过程产生的相关费用；同时又便于人力资源部选出合格的人才，降低了人员选择成本。

4. 降低安置成本

当班组新人来报到时，班组长应指定专人负责接待，减少安置过程中时间成本、劳务费、咨询费等。

7.2.2 人员培训成本控制方法

班组长应规范管理班组人员的生产培训工作，提高班组人员的学习能力、实践能力和创新能力，并根据班组实际情况采取有效的培训措施，做好班组人员培训成本的控制管理工作。

1. 制定并落实培训预算

班组长在制订班组培训计划之前，应根据企业培训预算标准制定班组培训预算，具体在制定及执行培训预算过程中，班组长应注意以下 3 个工作要点。

(1) 统计班组受训对象信息。受训对象不同，培训的方式和方法也就不同，会直接影响到培训预算费用的大小，即直接影响到班组培训成本。

(2) 区分班组受训对象，合理划分投放比例。划分班组中高低层培训人员及其相关名单，在预算分配时，将预算集中在班组生产技术骨干人员身上，使生产技术骨干们获得更多个人能力的提升机会，便于其对技术的精通，而后由其将自己的所学向其他班组成员进行内部传播，提高培训效率，降低培训成本。

(3) 认真落实培训预算。班组长应制订详细的培训计划来落实培训预算，并在预定的时间内执行培训计划。

2. 遵守班组生产人员培训原则

班组长在组织班组人员进行培训时，应注意遵守以下 4 个培训原则，如图 7—7 所示。

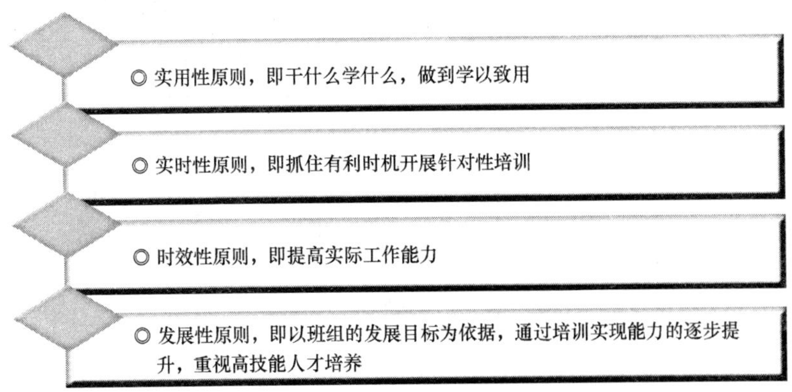

图 7—7　班组生产人员培训原则

3. 合理选择新员工入职培训方式

班组长在对新入职的班组人员进行培训时，应结合班组实际情况尽量采用在岗培训方式，以此来降低脱岗培训带来的培训成本。

（1）对新员工已具备的技能和工作岗位所要求的技能进行比较，找出差距，确定员工的培训方向，并指定专人实施培训指导，并定期跟踪监控。

（2）充分发挥班组生产技术骨干的“传、帮、带”作用，不断提高班组新人的专业生产技能。

4. 合理选择在职员工的培训方式

随着生产项目变化、技术引进、员工晋升、职位变动等原因，班组长需安排在职的班组人员参加培训，以确保其能够胜任各自的岗位，在选择培训方式时应注意培训效果与培训成本的相结合，具体如图 7—8 所示。

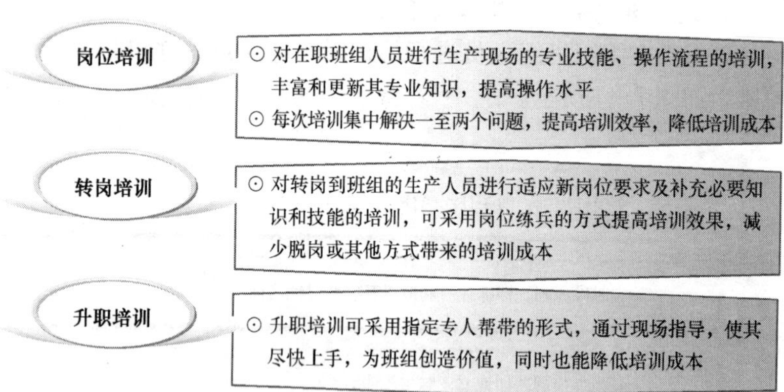

图 7—8　班组在职人员培训方式

5. 实施培训监控

班组长应定期或不定期地检查、抽查班组人员的培训效果，检查其是否在规定的期限内熟练掌握岗位生产操作技能，是否超出了培训预算、增加了培训成本。

7.2.3　人工成本管理控制方法

班组人工成本主要包括班组生产人员工资和福利费用等，班组长要控制好班组人工成本，就要做好班组生产人员的工资控制和各项福利费用控制。

1. 班组生产人员工资控制

(1) 班组生产人员工资构成。班组生产人员工资主要是指在生产产品的过程中，直接从事生产的一线工人的工资、奖金和津贴等，其具体构成明细如图 7—9 所示。

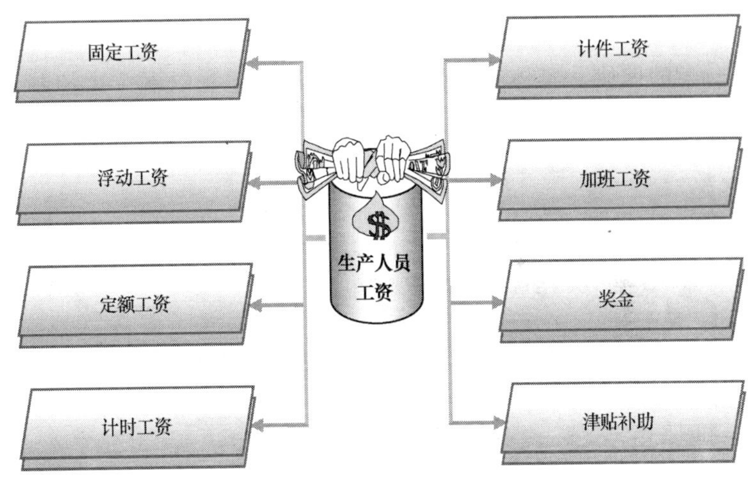

图 7—9　班组生产人员工资构成明细图

(2) 固定工资控制。固定工资是班组为保证生产人员的生活必须，根据其岗位、学历、技能等因素确定的相对固定的报酬，其控制点如图 7—10 所示。

(3) 浮动工资控制。班组长应充分调动班组生产人员的工作积极性，有效控制生产人员工资费用，根据生产人员的工作绩效、工作表现及班组经济效益状况来确定生产人员的浮动工资，真正体现

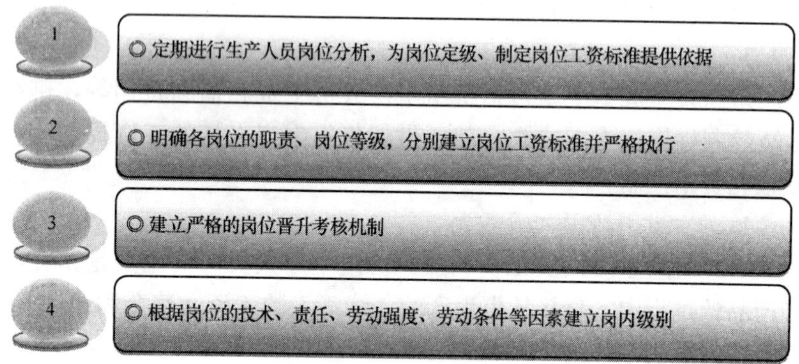

图 7—10　固定工资控制点说明

按劳分配的原则。具体在操作时，班组长应注意以下 5 个控制点，如图 7—11 所示。

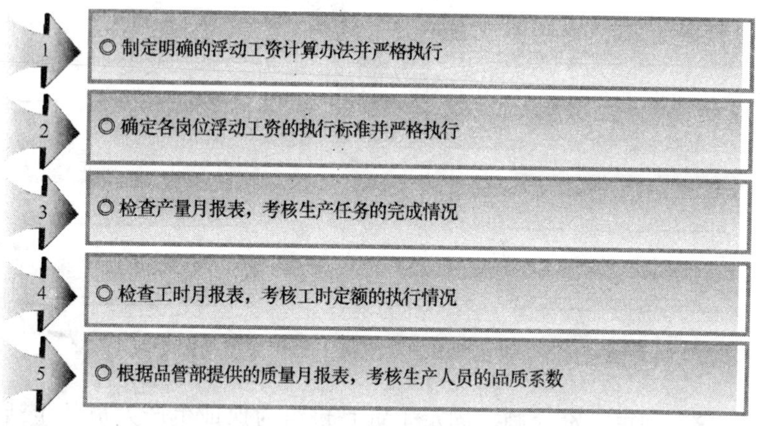

图 7—11　浮动工资控制点说明

（4）计时工资控制。班组长应根据生产人员劳动强度、责任大小、工作技能、工作环境等因素的不同，设定不同的小时工资率，并根据标准工时的执行情况计算计时工资。班组长具体在执行计时工资控制管理时，需要做好以下 5 点。

1）明确计时工资构成，对其设立工资标准，做到有效控制。

2）明确不同岗位不同等级工资标准，严格控制其工资。

3）加强生产人员考勤管理，严格执行班组规定，根据出勤状况核算计时工资。

4）严格执行加班申请审批程序，并按国家相关法规计发加班工资。

5）严格执行产量定额，杜绝工作效率低下、“磨洋工”等不合理现象。

（5）定额工资控制。班组长在对生产人员的定额工资进行控制管理时，需把握好以下4个控制点，如图7—12所示。

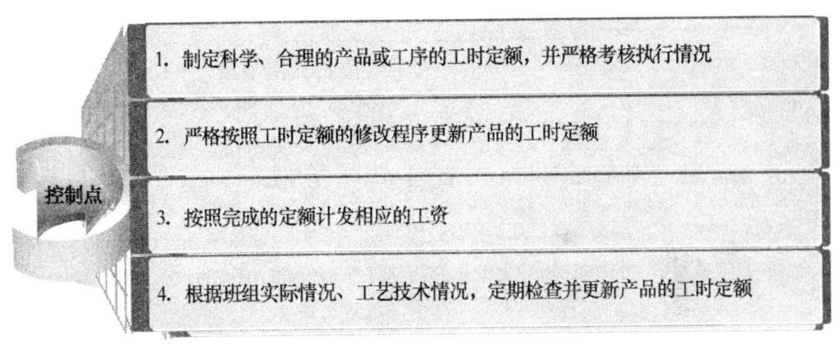

图7—12　班组定额工资控制点说明

（6）计件工资控制。班组长在最大限度地保证生产人员的利益，充分体现“按劳分配、多劳多得”的分配原则的同时，应做好班组计件工资的控制管理，具体在执行工作时，应做好以下6项工作，如图7—13所示。

（7）加班工资控制。班组长应严格执行国家及企业相关加班工资的规定，做到严格控制加班时间和人数，从而控制生产人员的加班工资，避免不必要的加班而造成班组人员成本的增加。班组长具体需注意的事项有以下三点，如图7—14所示。

（8）班组生产人员奖金控制。班组长应对生产绩效突出的员工给予

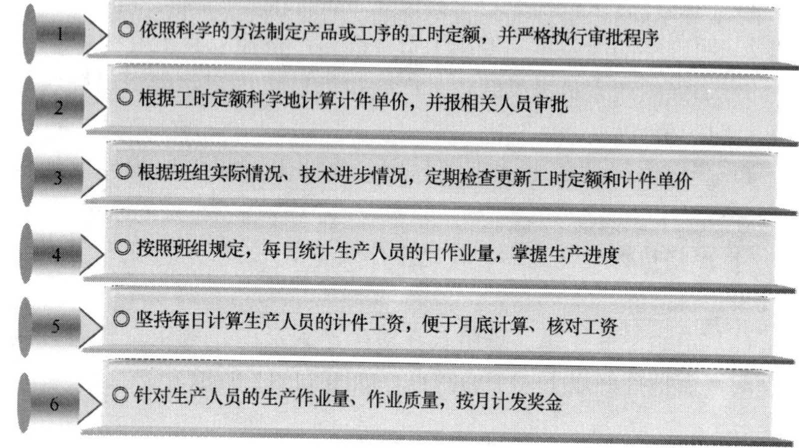

图 7—13　班组计件工资控制工作事项

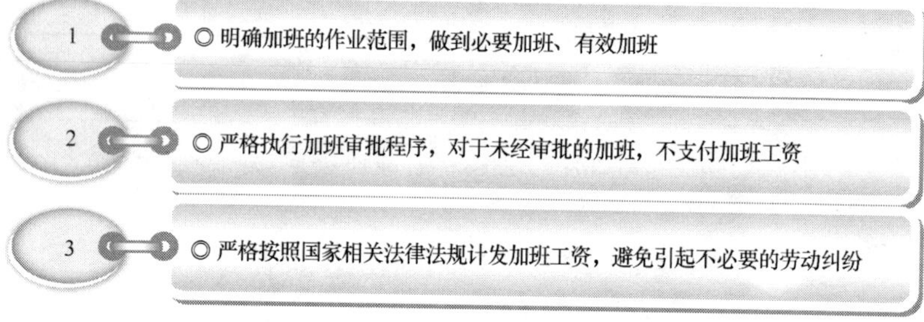

图 7—14　班组加班工资控制注意事项

奖金激励，具体在奖金控制方面应做好以下 5 项工作，如图7—15 所示。

(9) 班组生产人员津贴控制。班组长应根据班组员工的实际情况进行津贴管控，具体应注意如图 7—16 所示两点。

2. 班组生产人员福利费控制

企业为班组生产人员提供各种福利，以提高其对企业、对班组的满意度，班组长在保证生产人员满意度的前提下，应为企业做好福利费的有效管控。具体控制点如图 7—17 所示。

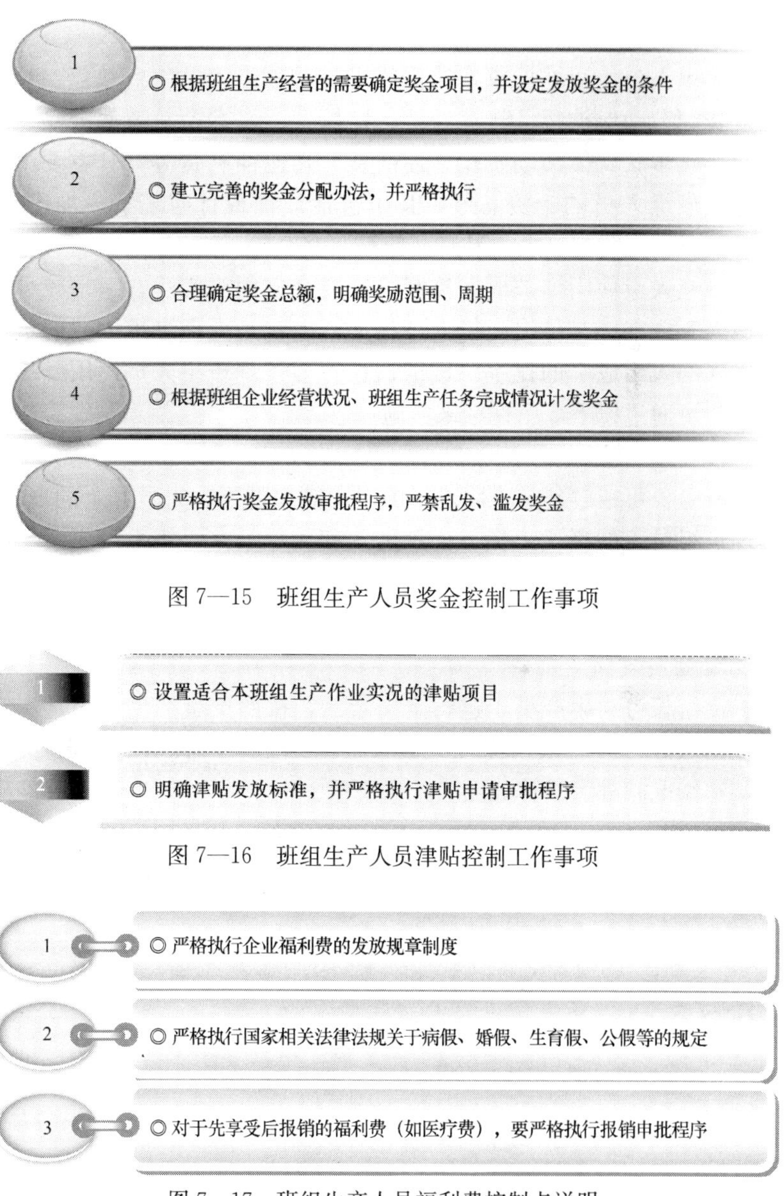

图 7—15　班组生产人员奖金控制工作事项

图 7—16　班组生产人员津贴控制工作事项

图 7—17　班组生产人员福利费控制点说明

7.2.4 人员使用维护成本控制方法

班组人员使用维护成本的构成主要有班组人员工资总额、社会保险费、劳动保护费、教育经费、婚嫁费、丧葬费、遗属补贴、体检费、娱乐及文体活动费用、住房费、其他福利费等。其主要组成部分是班组人员的工资总额，其中包括计件或计时工资、加班费、特殊情况下支付的工资、补贴、津贴、奖金等。

班组人员使用维护成本控制可从两个方面来实现，一是减少或降低人工成本；二是提高投入产出率，也就是提高班组创造的价值与投入的人工成本的比率。班组长在管理控制班组人员使用维护成本时，可通过以下 5 个途径来实施。

1. 减员增效

班组长可通过减员克服班组中生产效率低下、人员冗余的现象，实现班组员工的择优上岗、优胜劣汰和人尽其才，将生产要素与劳动力要素进行最佳组合。通过人员精减降低人员使用维护成本，实现人员有效利用最大化。

2. 实行定岗定员制

班组长可对生产员工进行定岗定编，按照产量的变化把定岗定编工作做好，之后依据岗位编制来提出班组生产人员的需求计划，但特殊情况除外。具体如图 7—18 所示。

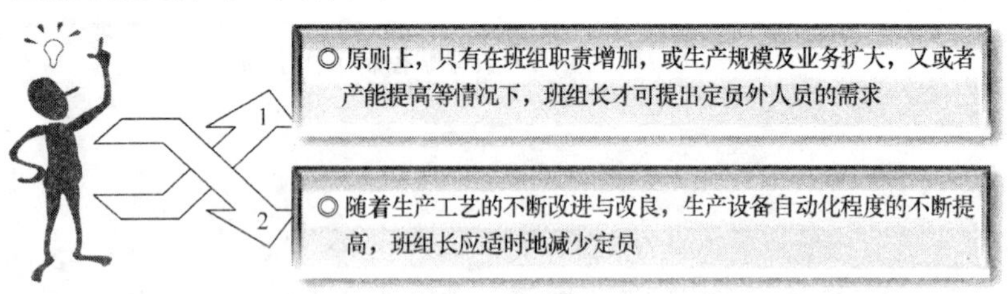

图 7—18 班组长实行定岗定员注意事项

3. 提高劳动生产效率

为保证班组作业的顺利进行，有效完成生产任务，保障班组员工的休息时间，班组长可在原有人员使用维护成本的基础上通过实行“三班倒”制度来提高劳动生产效率。

班组班次可分为白班、中班、夜班，具体班次时间与交接班时间如图 7—19 所示。

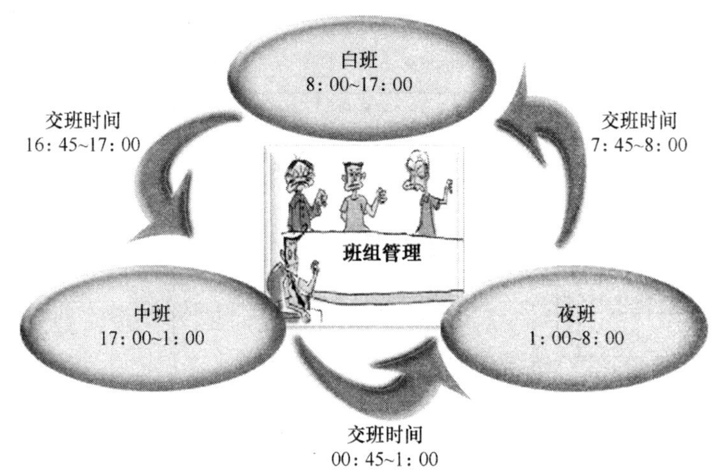

图 7—19 班组“三班倒”时间安排示意图

4. 控制工资总量，搞活内部分配

班组长应在控制班组工资总额的情况下，充分发挥工资的约束机制、调控机制和激励机制的作用，搞活内部分配，提高班组的生产效率。因此，班组长应在不增加人员使用维护成本的前提下，要将有限的工资投入转化成较大的产出。

（1）班组长要发挥工资的激励作用，将工资向苦、累、险岗位倾斜，向技术人员倾斜，将各类人员工资水平合理拉开档次，充分体现按劳分配、效率优先的原则。

（2）调动班组员工的积极性，形成一个降低成本到提高企业经济效益到增加工资收入到促进成本降低的良性循环。

5. 提高班组人员素质

班组人员素质包括体能素质、智力素质、技能素质及品行素质，其中智力素质和技能素质较重要。提高班组整体队伍素质，充分发挥他们的潜能，有利于精减人员，降低人员使用维护成本。

7.3 人员成本控制实务

7.3.1 人员成本控制流程

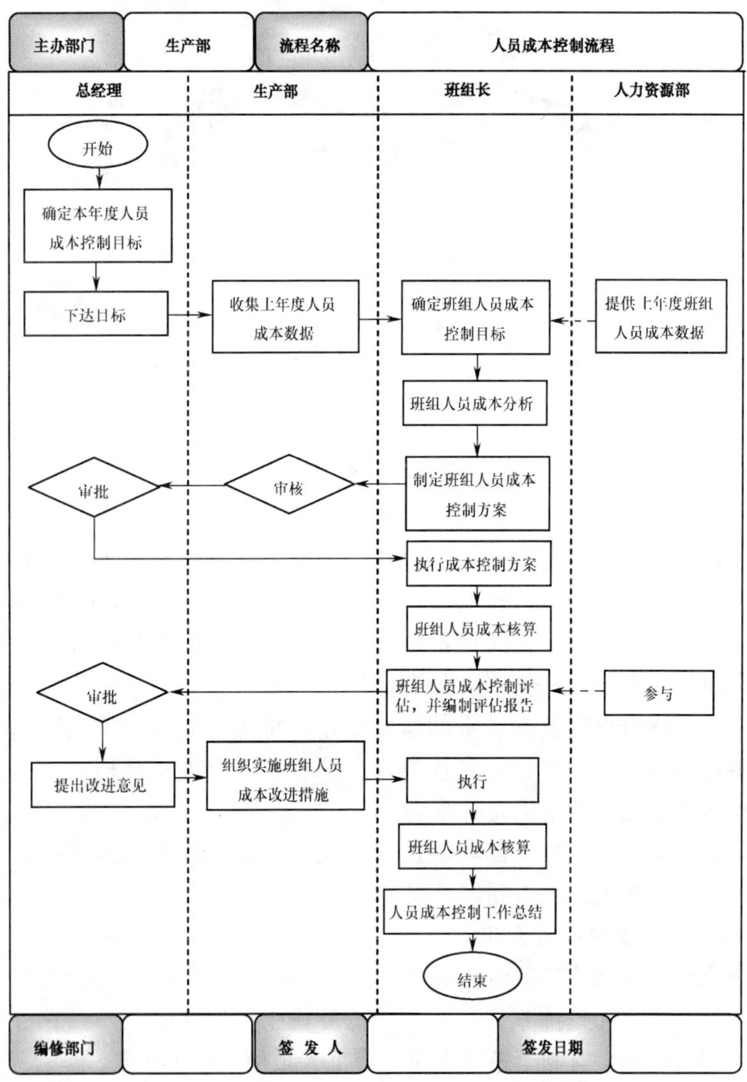

7.3.2　人员成本控制制度

<table>
<tr><td rowspan="2">制度名称</td><td rowspan="2">人员成本控制制度</td><td>编　　号</td><td></td></tr>
<tr><td>执行部门</td><td></td></tr>
<tr><td colspan="4">

第1章　总　　则

第1条　目的

为合理控制企业人员成本，减少班组无效的人工投入或支出，同时提高班组劳动生产率，实现班组人员成本投入产出比的最优化，为企业创造价值，特制定本制度。

第2条　适用范围

本制度适用于班组长对班组人员成本的控制管理工作。

第3条　管理职责

班组长应做好班组人员的成本分析及管控工作，积极配合人力资源部进行班组人员成本控制管理工作。

第2章　班组人员成本前期计划管理

第4条　人员成本分析

班组长应全面分析班组人员成本的构成及数量，并确定合适的分析指标，为人员成本的预算做好基础。

第5条　人员成本预算

根据公司人员成本预算制度及公司生产经营计划制定班组人员成本总额预算、工资总额预算及福利总额预算。

第6条　人员成本控制目标的确定

班组长根据本班组的实际情况，从投入产出的角度考虑某一定量的人员成本投入所带来的效益，从而确定班组人员成本控制目标。

第3章　班组人员成本计划的执行控制

第7条　建立人员成本支出统计台账

班组长应协助人力资源部建立班组人员成本统计台账，以便对班组人员成本的支出进行统计分析，确保班组人员成本数据的真实、可靠，并且能随时掌握班组人员成本是否超出预算。

第8条　实施人员成本控制措施

要保证班组人员成本计划目标的实现，必须实施有效的成本控制措施。班组人员成本控制的措施主要包括优化班组结构、加强工时管理、提升生产技能、实行灵活的分配制、降低违约成本、降低离职成本等，具体如下表所示。

</td></tr>
</table>

续表

制度名称	人员成本控制制度	编　　号	
		执行部门	

班组人员成本控制措施表

人员成本控制措施	具体说明
优化班组结构	班组长应根据班组生产业务情况，通过流程再造，优化班组生产流程，减少非增值岗位，在保证正常的生产经营条件下，合理进行减员，以降低班组人员总成本
加强工时管理	班组长应推行“满负荷工作法”，或是实行“三班倒管理制度”，以提高班组工作效率；强化监督措施，杜绝“磨洋工”的情况发生；严格控制加班费的发生，降低运营成本
提升生产技能	班组长应充分发挥内部培训资源，采用指定专人帮带的形式，通过现场指导，使新员工能尽快上手为班组创造价值，同时也可降低培训成本
实行灵活的分配制	班组长在控制班组人员总成本的基础上，应采取灵活的分配机制，通过发挥工资的激励作用，将各类人员工资水平合理拉开档次，充分体现按劳分配、效率优先的原则，调动员工的工作积极性
降低违约成本	班组长在不得不裁员时，一定要提前策划，重点关注劳动合同到期的员工是否续签，以降低补偿成本，对不得不裁减的人员一定要确保操作合法，减少违约成本
降低离职成本	班组长应积极关注班组人员的工作状态，特别关注技术性人才和关键岗位人才的思想动态，降低离职风险和由员工离职带来的隐性成本

第 9 条　调整人员成本预算

班组年度预算在执行过程中受国家宏观政策变动影响或人员机构发生较大变化，确实需要调整班组年度人员成本预算时，班组长需向人力资源部经理提出申请，经批准后方能执行。

第 4 章　附　　则

第 10 条　本制度由生产部负责制定、解释及修订。

第 11 条　本制度自____年__月__日起实施。

编制人员		审核人员		批准人员	
编制日期		审核日期		批准日期	

7.3.3 人员成本控制方案

<table>
<tr><td rowspan="2">方案名称</td><td rowspan="2">人员成本控制方案</td><td>编　号</td><td></td></tr>
<tr><td>执行部门</td><td></td></tr>
</table>

一、目的

为加强班组人员成本统计与分析的及时性、准确性，减少无效的人工投入或支出，提高劳动生产率，实现班组人员成本投入产出比的最优化，特制定本方案。

二、适用范围

本方案适用于班组生产人员成本的控制管理。

三、管理职责

班组长需要全力配合公司人力资源部、财务部做好本班组的人员成本控制管理工作。

四、做好班组人员成本分析工作

班组人员成本分析工作的重点在于确定合适的分析指标，以全面分析班组人员成本的构成、数量与指标之间的关系。公司使用的班组人员成本分析指标主要包括总量分析指标、成本结构指标、比率型指标三个方面，具体如下图所示。

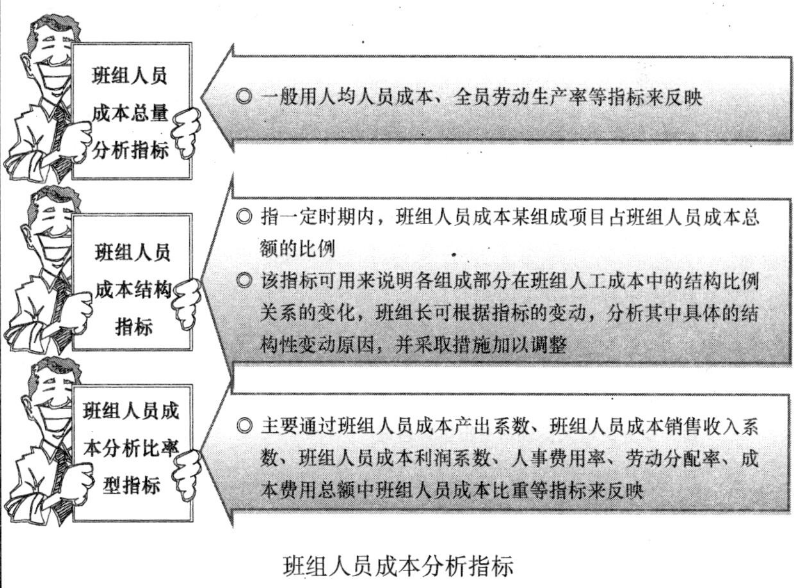

班组人员成本分析指标

续表

方案名称	人员成本控制方案	编　号	
		执行部门	

五、确定合适的人员成本控制目标

随着班组的发展壮大，人员成本必然会不断增长。所以，班组人员成本管理控制的目标绝不是减少人员成本的绝对额，而是从投入产出的角度考虑一定量的人员成本投入所带来的效益，如人均人员成本增长时，人均产值或人均销售收入的增长幅度如何。

因此，班组长应该根据本班组的实际情况，确定如下所列的人员成本控制目标。

1. 降低班组人员成本在总成本费用中的比重，增强产品的竞争能力。

2. 降低班组人员成本在销售收入中的比重，增强人员成本的支付能力。

3. 降低班组人员成本在总产值中的比重，增强人力资源的开发能力。

六、加强班组人员成本预算管理

班组长应协助企业人力资源部及财务部做好班组人员成本预算的编制与执行工作。

1. 班组人员成本预算的编制应以企业的财务预算年度作为班组人员成本的预算年度，以财务及其他专业的预算数据为依据，由班组长配合人力资源部编制预算。

2. 人力资源部在编制班组人员成本预算时，应根据国家有关方针、政策，按照生产班组的计划、任务，根据上年实际发生情况，考虑本年特殊增减因素，本着节源增收、量入为出的原则，精打细算、科学合理地安排各项资金，编制班组人员成本预算，不得编制赤字预算。

3. 为了保证预算制度的严肃性，预算一经批准，一般不予调整，下列情况除外。

（1）班组年度预算在执行过程中受国家宏观政策变动影响的。

（2）班组年度预算在执行过程中人员机构发生较大变化的。

4. 如果确实需要调整班组年度人员成本预算时，班组长需向人力资源部经理提出申请，经批准后方能执行。

七、协助建立班组人员成本支出统计台账

为了方便对班组人员成本的支出进行分析，确保班组人员成本数据的真实可靠性，班组长应协助财务部建立班组人员成本统计台账。

1. 班组人员成本支出统计台账的种类，如下图所示。

续表

方案名称	人员成本控制方案	编　号	
		执行部门	

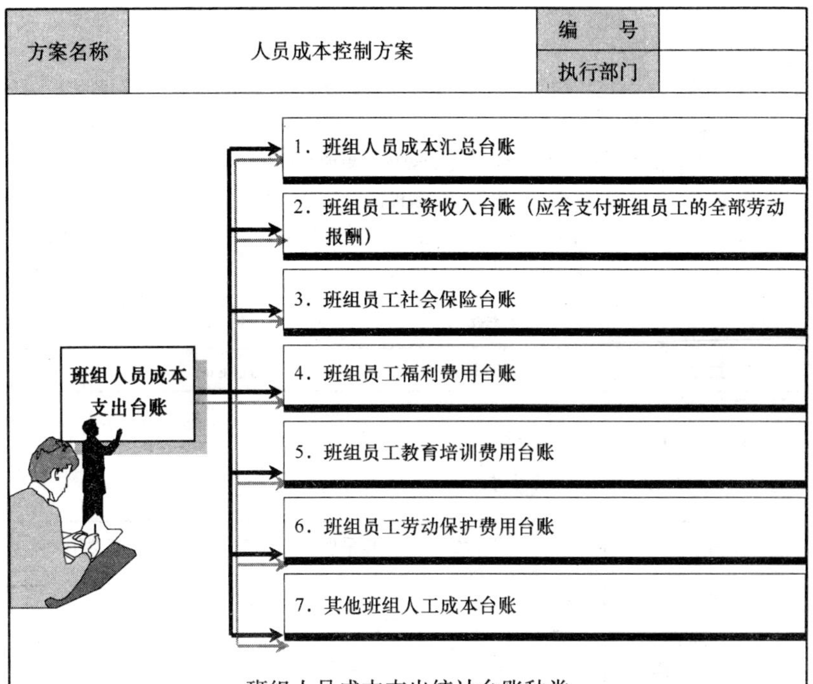

班组人员成本支出统计台账种类

2. 班组人员成本各种台账的填报要求。

(1) 一般应按本期实际发生数填报，除有单项规定外，不能按计划数填报。

(2) 要按“谁支付、谁统计”的原则登账，如班组对外按项目承包，只对班组支付项目承包费用，不直接支付工资报酬时，不统计为本企业的班组人员成本。

八、协助做好班组人员成本结算工作

1. 班组长应协助公司人力资源部或财务部按照本公司财务管理规定和人力资源管理政策，依据建立的班组人员成本统计台账，及时、准确、完整地对班组人工成本进行结算。

2. 比较班组人员成本实际发生额与年初的预算额度，计算节约或超支的额度，并分析班组人员成本总量指标、结构型指标和比率型指标，确定班组人员成本控制目标的实现情况。

3. 在年终结算时，总结节约的经验、分析超支的原因，并采取措施加以调整。

续表

<table>
<tr><td rowspan="2">方案名称</td><td rowspan="2">人员成本控制方案</td><td>编　　号</td><td></td></tr>
<tr><td>执行部门</td><td></td></tr>
<tr><td colspan="4">

九、实施奖惩

1. 对照各班组的人员成本增收节支的程度，提取各班组工资总额的一定比例作为奖励基金，以调动各班组人员成本管理的积极性。

2. 对于人均人工成本水平过高，又同时出现人事费用率、劳动分配率过高的班组，要对班组长提出预警预报，必要时实行成本否决制。

</td></tr>
</table>

编制人员		审核人员		批准人员	
编制日期		审核日期		批准日期	

7.3.4 人员成本控制表单

1. 班组招聘成本预算表

<table>
<tr><td>所需职位</td><td>空缺职位数</td><td>拟采取的招聘方式</td><td>预算费用</td></tr>
<tr><td>基层员工</td><td></td><td></td><td></td></tr>
<tr><td>技术人员</td><td></td><td></td><td></td></tr>
<tr><td>班组长</td><td></td><td></td><td></td></tr>
<tr><td>人力资源部意见</td><td colspan="3">负责人签字：　　　　　　　____年__月__日</td></tr>
<tr><td>总经理意见</td><td colspan="3">负责人签字：　　　　　　　____年__月__日</td></tr>
</table>

2. 班组月度培训费用预算明细表

序号	项目名称	参训人数	培训费用								备注
			人员费用	场地及设施设备费用			材料及其他费用				
			讲师津贴	场地费用	设备费用	设备折旧	资料印刷	教材购买	文具费用	食宿费	
合计											
审核	签名：　　　　____年__月__日										
批准	签名：　　　　____年__月__日										

3. 班组员工加班申请表

班组	姓名	预定加班时间			事由
		起	讫	时数	

部门经理：　　　　班组长：　　　　填表人：

4. 加班费明细表

班组：　　　　　　　　　　　　　　　　　　　　　　日期：____ 年__ 月__ 日

<table>
<tr><td colspan="4">日期</td><td rowspan="3">工作内容及地点</td><td rowspan="3">实际加班时间</td><td rowspan="3">加班费</td></tr>
<tr><td colspan="2">起</td><td colspan="2">讫</td></tr>
<tr><td>月</td><td>日</td><td>月</td><td>日</td></tr>
<tr><td></td><td></td><td></td><td></td><td></td><td></td><td></td></tr>
<tr><td></td><td></td><td></td><td></td><td></td><td></td><td></td></tr>
<tr><td></td><td></td><td></td><td></td><td></td><td></td><td></td></tr>
</table>

总经理：　　　　会计：　　　　出纳：　　　　审核：　　　　申请人：

第8章 管理费用控制

8.1 管理费用控制内容

8.1.1 管理费用内容

管理费用是指企业为组织和管理生产经营所发生的费用，包括企业在筹建期间内发生的开办费、董事会和行政管理部门在企业的经营管理中发生的或者应由企业统一负担的公司经费（包括行政管理部门职工工资及福利费、物料消耗、低值易耗品摊销、办公费和差旅费等)、工会经费、董事会费（包括董事会成员津贴、会议费和差旅费等)、聘请中介机构费、咨询费（含顾问费)、诉讼费、业务招待费、房产税、车船税、土地使用税、印花税、技术转让费、矿产资源补偿费、研究费、排污费等。

在班组这样的管理单位中，管理费用主要包括在班组日常生产工作中所发生的管理人员工资和福利费、办公费、差旅费、物料消耗、折旧费以及业务招待费等。

8.1.2 管理费用核算

为了核算班组的管理费用，需要设置与运用“管理费用”账户。此外，还要设置和运用“其他应收款”账户。

1. “管理费用”账户

“管理费用”账户主要用来核算工资和福利费、折旧费、工会经费、业务招待费、职工教育经费、董事会费、咨询费、聘请中介机构费、劳动保险费等。

2. “其他应收款”账户

“其他应收款”账户用来核算除应收票据、应收账款、预付账款以外的其他各种应收、暂付款项。例如，各种赔款、罚款、应向职工收取的各种借支和垫付款项等，企业应设置和运用“其他应收款”账户。

8.1.3 管理费用分析

每月月初，班组长在财务部相关人员的协助下，开展班组内管理费用分析工作，具体的分析方法是将各项费用的本期发生额与上年同期发生额进行比较，确定管理费用的增加与减少额，并运用此数据与管理费用月度计划比较，计算每月管理费用节约或超支百分比。管理费用分析表格见表 8—1。

表 8—1 管理费用分析表

项目	本期发生额	上年同期发生额	增减幅度	月度计划	节约/超支百分比
1. 工资					
2. 职工福利费					
3. 伙食、医药费					
4. 办公费					
5. 会议费					
6. 差旅费					
7. 交通费					
8. 邮电费					
9. 业务招待费					
班组长		财务经理		总经理	

8.1.4 管理费用审查

1. 业务招待费的审查

业务招待费是指企业为生产、经营的合理需要而支付给生产部门的费用。其审查内容主要包括五个方面，具体如图 8—1 所示。

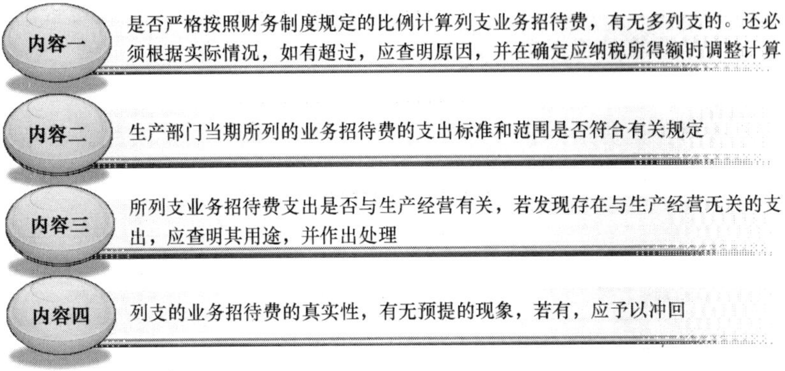

内容一
是否严格按照财务制度规定的比例计算列支业务招待费，有无多列支的。还必须根据实际情况，如有超过，应查明原因，并在确定应纳税所得额时调整计算
内容二
生产部门当期所列的业务招待费的支出标准和范围是否符合有关规定
内容三
所列支业务招待费支出是否与生产经营有关，若发现存在与生产经营无关的支出，应查明其用途，并作出处理
内容四
列支的业务招待费的真实性，有无预提的现象，若有，应予以冲回

图8—1　业务招待费的审查内容

2. 差旅费的审查

为加强差旅费的开支管理，达到节约成本的目的，应对生产人员的差旅费进行审查，具体审查内容有以下5项，如图8—2所示。

差旅费
审查内容
1. 出差的必要性
2. 出差人员的适合性，人员数量的合理性
3. 出差业务是否履行严格的报批手续
4. 差旅费报销凭证是否符合企业相关规定
5. 财务部报销业务是否符合企业相关制度规定

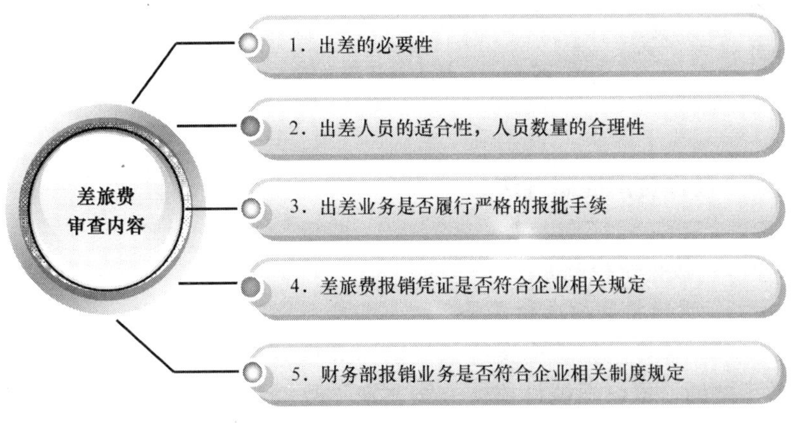

图8—2　差旅费的审查内容

3. 职工教育经费的审查

职工教育经费是指企业为职工学习先进技术和提高文化水平而

支付的费用，一般按职工工资总额的2.5%提取。主要审查是否按规定提取，计算是否正确，有无被挪作他用的情况等。

4. 技术转让费的审查

技术转让费是指企业为使用非专利技术而支付的费用。其审查内容主要包括四个方面，具体如图8—3所示。

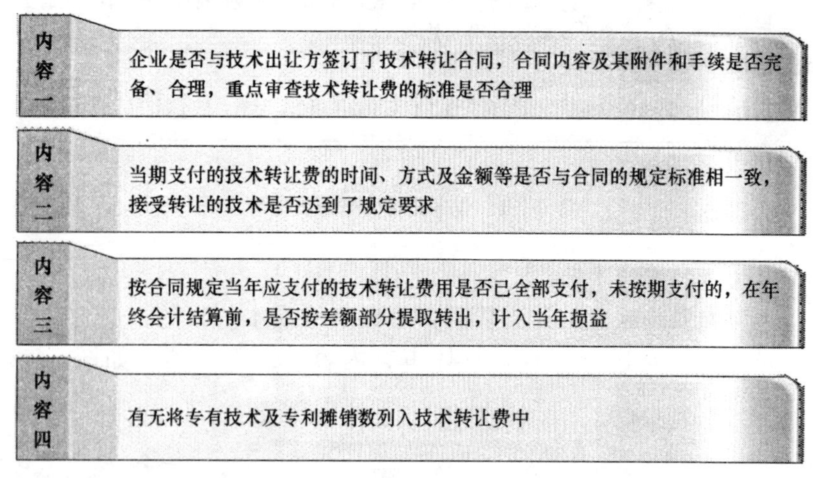

图8—3　技术转让费的审查内容

8.2　管理费用控制方法

8.2.1　接待费控制方法

1. 明确招待标准和程序

（1）原则上招待方案应该提前三天拟订，如果拟订会影响工作效率的话，可以不拟订招待方案。来不及拟订方案的可进行草拟或口头汇报招待工作。

（2）涉及其他部门或人员的，班组长应提前一天通知对方，并详细说明情况与注意事项。

（3）班组长应按季度对招待工作进行汇总分析，并提交上一级主管部门。

（4）陪同来访人员用餐时，如来宾人数在8人以下，原则上我方陪同人员最多不得超过2人；如来宾人数在8人以上，则每增加4人我方增加1名陪同人员。

2. 明确招待费的使用范围

（1）住宿和就餐原则上就在企业规定的酒店及饭店。

（2）招待费主要包括餐费、住宿费、礼品赠送费、车辆使用费、鲜花费、水果费、饮料费等。

3. 严格遵循招待费审批制度

（1）班组长应根据“招待审批单”的内容对预算进行审核，特殊情况超过本级审查权限的，须报上一级领导批准。

（2）招待费按财务部审定后的费用数额借支。

（3）招待工作结束后五日内，经办人将班组长签字后的发票凭证与“招待审批单”一起送财务部核算报销。

4. 加强招待费使用控制

招待费使用必须遵循“勤俭节约、效能优先”的原则；同时，班组招待费的使用应严格控制在审批限额内，严禁超支，更不得挪作他用。

5. 规范招待费的报销

（1）属于班组预算内的业务招待费用，凭正式发票由经手人签字，注明活动性质、参加人员，经班组长审批后，由总经理签字、财务总监核准后予以报销。

（2）财务部根据年度经营预算核定生产部门的招待费总额，由生产部门分解月度支出额，按月度分解预算定期考核，超额部分由生产部门承担。

8.2.2　咨询费控制方法

1. 咨询费的预算控制

在一个预算年度内，全年的咨询费应控制在年度预算额度之内。具体操作步骤为：外聘专家、顾问、评估机构申请由班组长提出后报人力资源部汇总，经总经理办公会集体决定，费用支付标准按国家规定标准执行或经总经理办公会研究决定。

2. 咨询项目的必要性分析控制

比照近年来本企业接受过的咨询项目，从五个方面考察生产部门接受咨询的必要性，具体如图 8—4 所示。

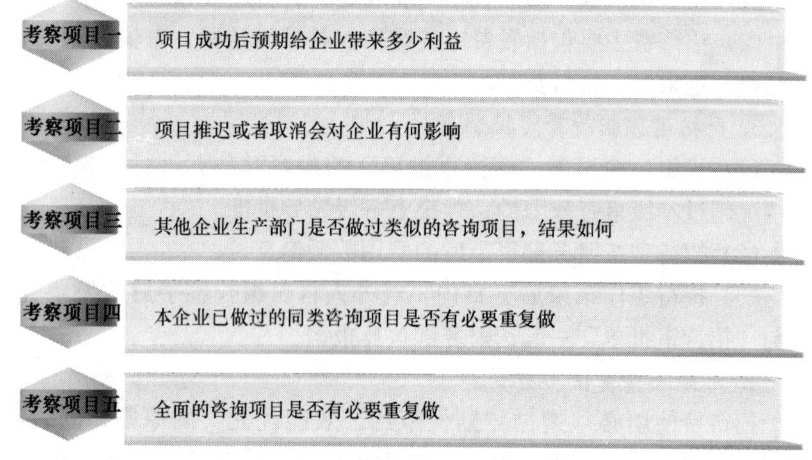

图 8—4　确定咨询项目实施必要性的考察内容

3. 咨询费用议价控制

咨询费用的议价控制主要需认真考察以下项目。

(1) 考察咨询方的报价是否存在降价空间。

(2) 考察同类项目不同咨询方的报价。通常同类项目不同咨询方的报价会有很大差别，横向比较时应注意价格并不是决策的唯一依据，同时应重点考虑做类似项目多、做同行业项目多的咨询方。

4. 咨询费的报销审批控制

(1) 企业应确定班组咨询费报销审批权限。咨询费单笔金额较大的，由总经理审批。其签批报销流程如图 8—5 所示。

(2) 咨询费单笔金额较低的，由主管副总（或财务副总）审批。

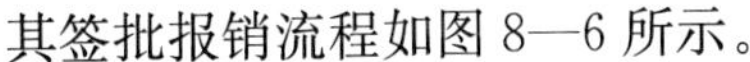

其签批报销流程如图 8—6 所示。

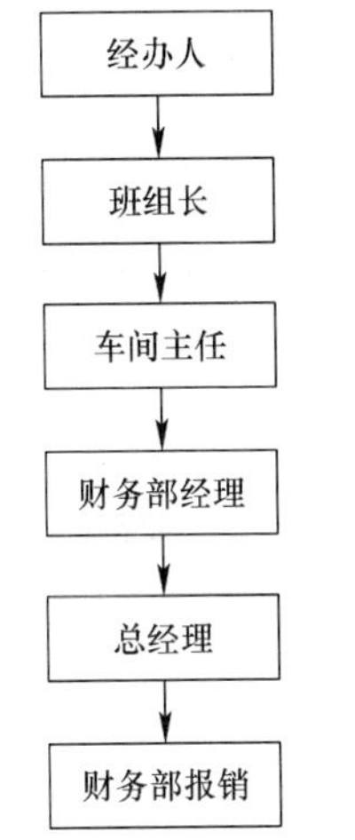

图 8—5　大金额咨询费的报销审批流程

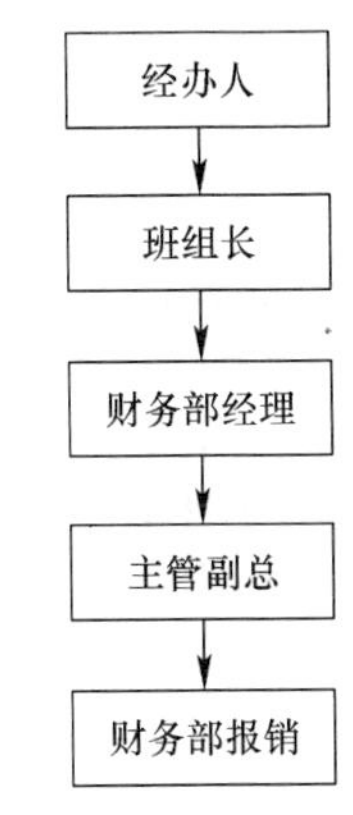

图 8—6　小金额咨询费的报销审批流程

5. 咨询费的付款方式选择

付款方式通常规定首付时间和比例、二期付款时间和比例、三期付款时间和比例、尾款付款时间和比例。企业应尽量争取较少的首付款比例和较长的二期、三期付款时间，同时要求付款与项目验收相结合，只有达到合格要求后才能付款。

班组应积极配合企业咨询项目的验收工作，认真、如实填写相关表单，汇报咨询实况，保证项目验收结果的准确性，维护企业和自身利益。

8.2.3　差旅费控制方法

1. 明确差旅费法定报销标准

（1）企业应该结合实际情况制定“差旅费报销标准”，发生差旅费时要严格按规定报销。

（2）差旅费的证明材料包括出差人员姓名、地点、时间、任务和支付凭证等，并加有班组长的签字。

2. 规范差旅费报销流程

差旅费报销的基本流程如图 8—7 所示。

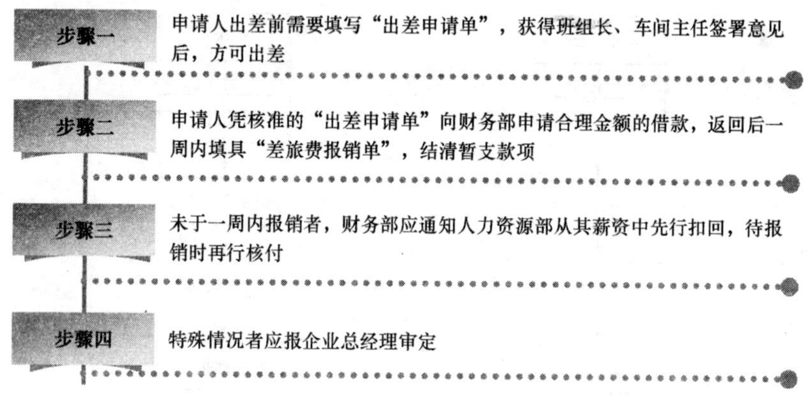

图 8—7　差旅费报销流程图

3. 明确差旅费的报销规定

(1) 班组人员出差结束后，应该向班组长出具“出差报告”，汇报出差情况及客户拜访中遇到的主要问题、心得与成果。

(2) 报销人员应先从财务部领取“差旅费报销单”由班组长和财务部审核后，送交总经理审批。

(3) 员工出具的票据需要按时间顺序及财务规定粘贴在“差旅费报销单”背面。

(4) 严格要求报销票据的正规性与合法性。

(5) 票据交由出纳人员核对后，方予以报销。

4. 控制差旅费超支情况

(1) 员工出差途中因病或遇意外灾害事故等特殊原因经请示班组长同意后方可延长差期，否则不予以报销。

(2) 员工申请差旅费报销时，必须提供有效的住宿发票，有条件的要提供住宿费用明细单，没有条件提供明细单的要求在住宿发票上写明费用明细。

（3）严禁将与住宿无关的费用，如餐费、娱乐费等开具成住宿费报销，违者应进行罚款、通报批评等处分。

8.2.4　交通车辆费控制方法

1. 交通费控制方法

针对班组交通费的控制，可制定以下措施。

（1）市内交通费采取实报实销制度，原则上以公交车、地铁为主，无特殊情况班组出差人员不得乘坐出租车；若有特殊情况，事先应向主管经理提出申请，批准后方可乘坐。

（2）因工作需要而加班或外出办事的，时间在8时前或22时后，可乘坐出租车。

（3）乘坐出租车的，在报销车费时，须在出租车票空白处写明乘坐原因及起止地点，不写明以上两项内容的，将给予退回处理。

（4）企业自备车在本市出差的，不予报销市内交通费。

2. 车辆费控制方法

（1）优化行驶路线

班组需要使用车辆外出时，班组长应提前了解目的地及通往目的地的各条路线，优化车辆行驶线路，尽量达到省时、省油、安全的目的。

（2）有效控制耗油量

企业应建立规范的车辆油耗报销制度，班组人员应按照规定进行实报实销，禁止虚报。同时企业可建立监督机制，对车辆油耗严重超标的班组进行批评、罚款等；对车辆油耗控制在标准范围内的班组进行嘉奖。

（3）减少交通事故损失

在车辆行驶过程中，因出现事故而发生的财产或人员伤亡会增加企业成本。为减少因交通事故所造成的损失，班组长应采取以下措施，具体如图8—8所示。

加强日常防范

◎ 加强对驾驶员的安全教育，避免驾驶员违章操作，如疲劳驾驶、超速行驶等。对违章驾驶者，应进行处罚

◎ 做好运输工具的日常维护保养工作，定期检查、修理运输工具，确保运输工具的各种性能处于良好状态

做好理赔工作

◎ 准备、收集理赔单据，及时向保险公司提供必要的单据

◎ 事故发生后，应及时向企业相关部门反映，相关负责人应及时通知保险公司或其代理人

◎ 与保险公司保持经常联系，及时了解保险公司对事故的审核与赔偿答复等具体情况

图 8—8　减少事故损失应采取的措施

8.2.5　卫生清洁绿化费控制方法

班组卫生清洁绿化费是指对班组生产区域、办公场所、宿舍等进行卫生清洁绿化而发生的费用。控制班组卫生清洁绿化费可采取如下措施。

1. 合理设置卫生清洁绿化专业人员人数

按照班组生产区域、办公场所、宿舍面积设置合理的卫生清洁绿化专业人员人数，避免不必要的费用支出。

2. 做好卫生清洁工作，保持清洁卫生效果

班组应落实 5S 管理措施，保持卫生清洁效果，控制卫生清洁费用。5S 管理的具体操作见表 8—2。

表 8—2　班组 5S 管理措施

5S 管理	具体内容
1. 整理（Seiri）	将作业区内杂乱无章的部分加以收拾、分类、清理等
2. 整顿（Seiton）	将空间重新分配并给予系统化、规律化、固定化
3. 清扫（Seiso）	经常清扫垃圾区、工作区等
4. 清洁（Seitesu）	维持整理、整顿、清扫后的成果，并坚持下去；寻找脏乱的原因，杜绝脏乱的源头
5. 素养（Seitsuke）	让班组作业人员都养成良好的工作和生活习惯，杜绝脏乱问题

3. 提高绿植成活率，延长绿植存活期

通过采取各项措施，提高绿植成活率，延长绿植的存活期，可大大降低绿化费。具体措施如下所示。

（1）浇水。对植物进行科学合理的浇水，是保证植物存活期的重要内容之一。浇水工作需要注意三点，具体见表8—3。

表8—3　　浇水工作需注意的事项

事项	具体说明
浇水量和确定浇水次数的原则	◇以水分浸润根系分布层和保持土壤湿润为宜。如果土壤水分过多，土壤透气性差，会抑制根系的生长
根据气候条件决定浇水量	◇半阴环境下可少浇水 ◇在阴雨连绵的天气里，空气湿度大，可不浇水 ◇夏季阳光猛烈，气温高，水分蒸发快，消耗水分较多，应增加浇水次数和分量
根据品种或生长期来决定浇水量	◇旱生植物需要水分少，深根性植物抗旱性强，可少浇水 ◇生长期长的植物生长缓慢，需要水分少，可少浇或不浇水 ◇阴生植物需要水分多，浅根性植物不耐旱，要多浇水

（2）松土、除草。除草是清除冠下（绿化带）非人为种植的草类，面积大小可根据需要而定，以减少草木争夺土壤中的水分、养分，有利于树木生长。除草还可以减少病虫害发生。松土可以松动土壤表面，使之稀松透气，达到保水、透气、增温的目的。

（3）整形、修剪。整形、修剪的方式有很多，采取哪种方式应根据树木分枝的习性，观赏功能的需要，以及自然条件等因素考虑。主干长势弱的，易形成丛状树冠，可修成圆球形、半圆球或自然开心形，此外还应考虑环境组景的需要。

（4）施肥。园林绿地栽植的花草树木种类很多，有观花、观叶、观姿、观果等类型，又有乔木、灌木之分，对养分的要求也各不相同。具体要求如图8—9所示。

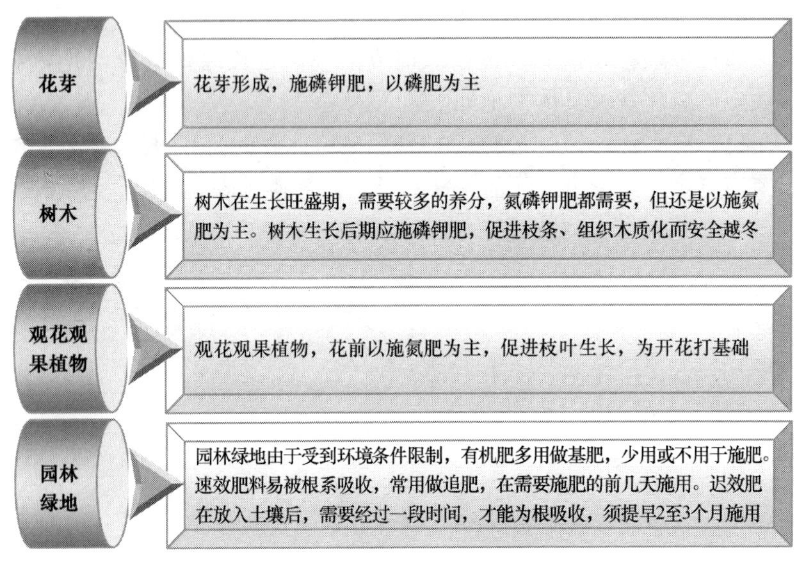

图 8—9　植物施肥要求说明

（5）防治病虫害。树木在生长过程中都会遭到多种自然灾害的危害，其中病虫害尤为普遍和严重，轻者使植株生长发育不良，从而降低观赏价值，影响园林景观；严重者易引起品种退化，植株死亡，降低绿地的质量和绿化的功能。

药剂防治是防治病虫害的主要措施，科学用药是提高防治效果的重要保证。具体的用药方法见表 8—4。

表 8—4　　病虫害用药方法表

用药方法	具体说明
适时施药	注意观察和掌握病虫害的规律，适时施药，以取得良好的防治效果
交替用药	长期使用单一药剂，容易引起病原和害虫的抗药性，从而降低防治的效果，因而对各种类型的药要交替使用
对症下药	根据防治的对象、药剂性能和使用方法，对症下药，进行有效防治
安全用药	严格掌握各种药剂的使用浓度，控制用药量，防止产生药害

8.3 管理费用控制实务

8.3.1 管理费用控制流程

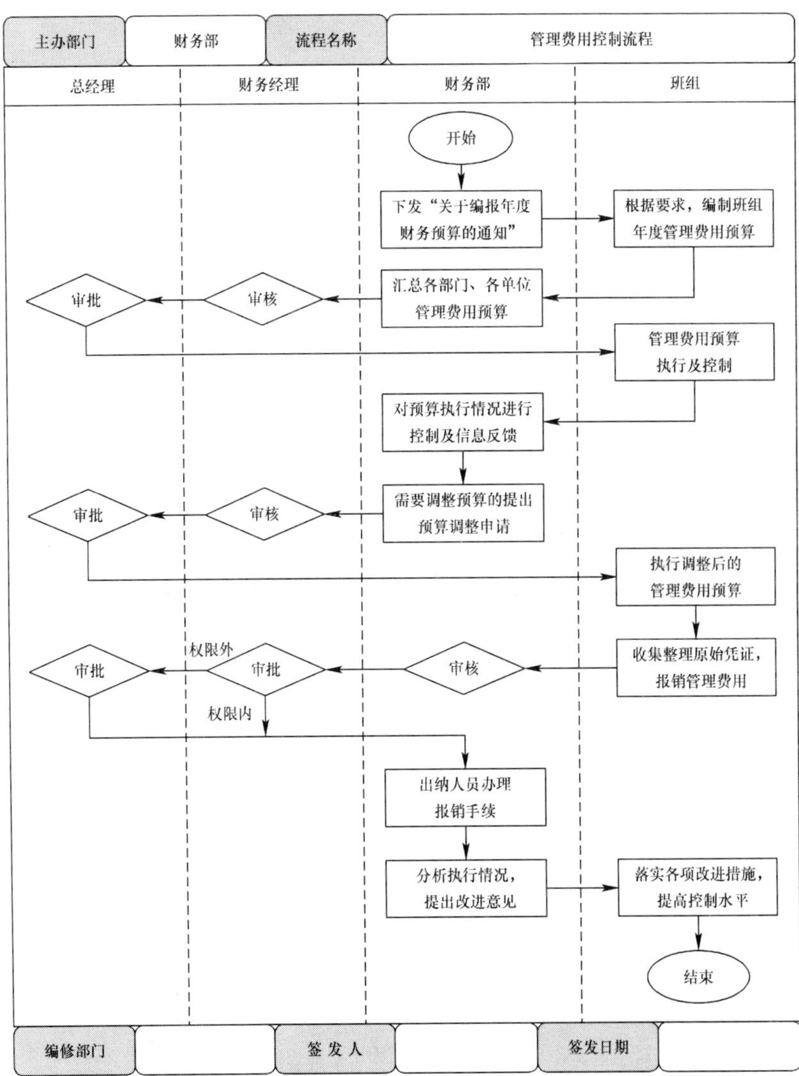

8.3.2 管理费用控制制度

<table>
<tr><td rowspan="2">制度名称</td><td rowspan="2">管理费用控制制度</td><td>编　　号</td><td></td></tr>
<tr><td>执行部门</td><td></td></tr>
<tr><td colspan="4">

第1章　总　　则

第1条　目的。

为加强对班组管理费用的控制，保障公司生产部门的正常运作，严格控制管理费用的支出，特制定本制度。

第2条　使用范围。

本制度适用公司各个职能部门及所有生产作业人员对管理费用使用过程的规范和控制。

第2章　管理费用使用计划管理

第3条　公司生产部必须在每月底根据下月工作计划制订本部门费用使用计划，由财务部汇总、审核，经总经理审批后执行。

第4条　公司授予各班组组长对计划内费用使用的审批权限，并根据实施情况调整或变更。

第3章　制定管理费用使用标准

第5条　制定管理费用标准

公司财务部、行政部及其他相关部门，应及时制定公司生产部管理费用的控制标准，并上报审批。审批通过后，应严格按照标准控制管理费用。

第6条　招待费用标准。

1. 招待一般来宾来客，每人餐费不超过____元（含酒水等），酒水标准白酒控制在____元/瓶以下。

2. 招待政府主要领导及政府部门关键领导等重要来宾来客，费用标准由总经理同意后执行。

第7条　差旅费用标准。

1. 住宿费用。

（1）车间主任及以上人员，住宿标准为____元／天。

（2）班组长，住宿标准为____元／天。

（3）班组作业人员，住宿标准为____元／天。

（3）经班组长确认，确定住宿标准超过____元／天，报财务总监批准后予以报销。

2. 出差补助。

出差补助，按____元／天进行补助，时间为出差起止日期。

</td></tr>
</table>

续表

制度名称	管理费用控制制度	编　　号	
		执行部门	

3. 交通费用。

（1）市内交通费用，标准为____元／天，按票据报销。

（2）车船票，按出差往返地点、里程、凭票据核准报销。

4. 其他杂费。

其他杂费，标准为____元／天，按票据报销。

第 8 条　会务费用标准。

会务费用在使用或报销时需提供地点、时间、人员、标准和会议内容等资料，没有控制上限，据实报销。

第 9 条　通信费标准。

1. 生产部门员工手机话费根据岗位工作需要，设定不同的月度话费标准。

（1）生产部经理____元／月。

（2）车间主任及以上人员____元／月。

（3）班组长及以上人员____元／月。

（4）班组作业人员____元／月。

2. 公司总监以上人员，根据实际情况，实报实销。

3. 业务部、财务部人员长途出差，根据实际情况可适当提高话费报销额度，但一般不得超过____元／月。

第 4 章　管理费用使用过程控制

第 10 条　提出使用申请。

1. 管理费用使用班组根据班组的实际需要填写“管理费用使用申请单”，由班组长审核之后，并提交财务部门。

2. 管理费用使用申请单须清楚填写费用用途、使用时间，如需预支须明确金额。

第 11 条　使用申请审核。

1. 财务部相关人员根据管理费用使用标准和预算，审核申请班组提交的申请，并签署审核意见。

2. 申请单得到批准后，须妥善保存，以方便报销时提交财务部门。

第 12 条　管理费用预支。

管理费用申请使用得到批准后，需费用预支时，申请班组可以凭借申请单，到财务部预支相应的管理费用，财务部相关人员应做好相应的账务处理和信息登记。

第 13 条　使用管理费用。

续表

制度名称	管理费用控制制度	编　　号	
		执行部门	

申请班组预支管理费用后，按照申请单所填用途进行合理使用，在使用过程中产生的相关单据须妥善保管，以便日后进行费用报销。

第 14 条　管理费用报销。

1. 管理费用使用班组将使用管理费用的过程中产生的相关单据，整理并提交财务部。

2. 经财务部相关人员审核无误后，予以报销。

3. 对于预支剩余的费用，费用使用班组应当退还财务部，财务人员应做好账务处理及信息登记。

4. 对于超出审批数额范围之外的管理费用，由费用使用班组提交报告交财务总监或主管副总审批，批准后由财务部报销；否则，财务部将不予报销，费用使用班组自行承担。

第 5 章　附　　则

第 15 条　财务部负责本制度的编制、修订和解释。

第 16 条　本制度自____年__月__日起执行。

编制人员		审核人员		批准人员	
编制日期		审核日期		批准日期	

8.3.3 管理费用控制方案

方案名称	管理费用控制方案	编　　号	
		执行部门	

一、目的

为降低公司成本，提高经济效益，减少班组管理费用的开支，特制定本方案。

二、适用范围

本方案适用于公司各班组管理费用的管理控制工作。

三、相关定义

班组管理费用是指公司各班组为组织和管理生产经营活动所发生的费用，包括办公费、招待费、通信费、会议费、交通费、差旅费、卫生清洁费及绿化费等。

四、管理费用预算控制

为有效控制班组管理费用的支出，公司须制定科学合理的预算，并严格执行。公司管理费用预算工作流程如下。

续表

<table>
<tr><td rowspan="2">方案名称</td><td rowspan="2">管理费用控制方案</td><td>编　　号</td><td></td></tr>
<tr><td>执行部门</td><td></td></tr>
<tr><td colspan="4">

1. 公司于每年12月15日前向各班组长发放下一年度预算表，各班组长须在每年的12月23日之前完成下一年度预算。

2. 公司于每月15日前向各班组长发放下月的预算表，各班组长须在每月23日之前完成下月度预算。若预算表的形式和内容在不同月份没有变化，则可以持续沿用，无须每月下发。

3. 临时管理费用预算自财务部预算表下发之日起三天内由各班组长完成。

4. 所有预算均需以书面和电子两种形式交财务部经理审核。书面预算表需要各班组长签字确认。

5. 财务部经理应对汇总的预算分别进行审核和测算，确保各项预算开支的合理性，发现问题应立即将预算表退回相关班组长，要求其在一天内重新制定或做出合理的书面解释。

6. 财务部经理应在每月25日前完成预算审核，临时管理费用预算自财务部收到预算表一天内完成审核，签字后将书面预算交总经理审核批准。

7. 未能通过总经理审核的预算由财务部转回相关班组长，由其在一天内重新制定或做出合理的书面解释，再由财务部重新汇总交总经理审批。

8. 总经理应在每月28日前完成对各项预算的审核，临时管理费用预算在收到财务部上交的“临时管理费用预算表”两天内完成审批。

9. 总经理审批通过的预算经签字后由总经理办公室复印一份，原稿保存后，复印件交财务部公布生效。

10. 财务部及各班组应严格执行已审批发布的年度预算和月度预算，严格控制管理费用的支出和合理使用。

五、管理费用报销控制

为控制班组管理费用的支出，公司须对班组管理费用的报销手续进行严格控制和审批。公司对班组管理费用的报销控制如下。

（一）班组内人员管理费用报销控制

各班组人员在管理费用发生后须如实填写“管理费用报销单”，核对报销凭证和金额无误后交班组长审核签字，由班组长签字后交财务部经理审核无误后到财务部出纳处报销，报销管理费用金额冲抵本班组预算。

（二）班组长管理费用报销控制

班组长本人用于班组工作的费用报销由本人在“经办人”栏签字后，直接交财务部经理审核报销。

</td></tr>
</table>

续表

<table>
<tr><td rowspan="2">方案名称</td><td rowspan="2" colspan="3">管理费用控制方案</td><td>编　号</td><td></td></tr>
<tr><td>执行部门</td><td></td></tr>
<tr><td colspan="6">

六、管理费用借款控制

班组管理费用借款主要是指班组正式员工因为办公或出差等业务要求向公司借取的临时款项。为控制管理费用，避免资金损失，公司须对班组管理费用借款进行严格控制。

（一）借款权利规定

1. 非公司班组正式员工不得以任何理由进行管理费用借款。

2. 公司班组正式员工因办公或出差等业务需要方可办理借款。

（二）填写借款单

公司班组正式员工因办公或出差等业务需求，需要向公司申请临时借款时，借款人需按相关要求填写“借款申请单”。

（三）明确借款审批权限

1. 借款金额在 1 000 元及以下时，由班组长审核批准后交财务部审核支款。

2. 借款金额在 1 000 元以上的，由车间主任审核批准后交财务部审核支款。

3. 班组借款每月累计超过 3 000 元以上的，财务部应及时书面通知总经理，同时停止接受由班组长审批的借款申请，该班组再借款须由总经理审核批准后由财务部审核付款。

（四）还款与报销规定

1. 任何借款须在财务部支出之日起一个月内归还公司或报销抵账。

2. 对借款超过归还期限的班组及个人，财务部停止接受其新的借款申请，直至超期借款归还为止。

3. 因长期出差造成的借款超期，在当事人和相关部门提出充分的书面解释后，财务部可以恢复其借款权利。

七、检查与奖励

1. 公司每月对班组管理费用进行核算，发现月度预算超支 5% 的，班组长须以书面形式向总经理提出合理解释，总经理将同意的部分通知财务部，否则财务部将按照不能合理解释的预算超支金额给予罚款，通知人力资源部从班组长的次月工资中扣除。

2. 经检查发现违反管理费用使用规定的班组和个人，财务部和人力资源部将根据具体情况给予相关责任人相应的处罚。

</td></tr>
<tr><td>编制人员</td><td></td><td>审核人员</td><td></td><td>批准人员</td><td></td></tr>
<tr><td>编制日期</td><td></td><td>审核日期</td><td></td><td>批准日期</td><td></td></tr>
</table>

8.3.4　管理费用控制表单

1. 管理费用预算表

编制单位：　　　　　　　　日期：　　年　月　日　　　　单位：元

项目		上年度实际	本年度预算	差异情况说明
固定费用	薪资支出			
	间接人工费用			
	租金支出			
	办公费			
	邮电费			
	水电油料费			
	保险费			
	税金			
	折旧			
	研发费			
	合计			
变动费用	加班费			
	差旅费			
	运费			
	维护费			
	广告费			
	接待费			
	样品费			
	包装费			
	燃料费			
	管理人员福利			
	杂项购置费			
	会议费			
	培训费			
	劳保费用			
	其他管理费用			
	合计			
管理费用总计				

2. 管理费用明细表

编制单位：　　　　　　　　　　　日期：　　年　月　日　　单位：元

项目名称	本月实际	本月计划	节约或浪费
1. 职工工资			
2. 职工福利费			
3. 折旧费			
4. 办公费			
5. 差旅费			
6. 房产税			
7. 印花税			
8. 车船使用税			
9. 保险费			
10. 工会经费			
11. 物料消耗			
12. 递延资产摊销			
13. 低值易耗品摊销			
14. 业务招待费			
15. 其他			
合计			

第9章　成本意识与习惯培养

9.1　绝不浪费

9.1.1　生产中常见的浪费

浪费是指对生产不利，并且没有增加产出价值的活动，它造成了企业的高成本。

在生产过程中常见的浪费包括等待的浪费、搬运的浪费、不良的浪费、动作的浪费、库存的浪费、过多处理的浪费、过量生产的浪费7种。

班组长需了解7大浪费具体的表现，以便进行识别、改善，7大浪费的具体表现见表9—1。

表9—1　　7大浪费的具体表现

浪费	具体表现
等待的浪费	◆人等机器、机器等人、人等人 ◆不平衡的操作 ◆因断料、机器设备缺乏保养出现故障等停机
搬运的浪费	◆物品存储距离大，造成空间的移动 ◆时间的耗费 ◆人力、工具的占用 ◆现场有大量的护栏和保护装置 ◆高成本的输送机和叉车
不良的浪费	◆材料的损失 ◆设备、人员工时的损失 ◆额外的修复、选列追加检查 ◆额外的检查预防人员的工时 ◆装运与交付的损失

续表

浪费	具体表现
动作的浪费	◆寻找工具 ◆过多地伸手或弯腰作业 ◆机器、材料相距太远，需要来回行走的时间 ◆设备间输送装置及零件 ◆繁忙工作
库存的浪费	◆物料流停滞，库存周转慢 ◆需要增加材料搬运的资源（人员、设备、货架、仓库空间/系统） ◆资金占用、额外的库存管理费用 ◆出现问题时的大量返工作业 ◆物品价值衰减、呆滞 ◆生产线外大量储存空间占用，影响通道畅通、使用进出料
过多处理的浪费	◆多余的加工、颠倒作业程序 ◆零散的步骤、不适、复杂 ◆缺乏限度样品或明确的客户规范 ◆过剩的细致作业 ◆多余的批准手续
过量生产的浪费	◆设备富余或产能过大 ◆生产作业人员过多 ◆生产各阶段产能不平衡 ◆生产批量大

9.1.2 浪费产生的原因

班组长可运用5Why分析法或4W1H分析法对以上7种浪费现象，进行有针对性的分析，找出形成浪费的根本原因。导致浪费产生的根本原因见表9—2。

表9—2　　浪费产生的原因汇总表

浪费	产生的原因
等待的浪费	◆工作方法的不统一 ◆长时间的机器换装 ◆人、机配合效果差 ◆缺乏合适的机器

续表

浪费	产生的原因
搬运的浪费	◆大批量加工 ◆生产作业缺乏合理的计划 ◆换装、换线、换模时间长 ◆工作场地组织差 ◆生产现场布局不合理
不良的浪费	◆操作工控制失误 ◆管理层的决策失误 ◆操作工及相关人员缺乏培训 ◆工装夹具不合格 ◆车间布置差造成不必要的搬运
动作的浪费	◆设备、车间布局不合理 ◆作业场所缺乏组织 ◆机器、人力产生的低效率 ◆工作方法不一致 ◆大批量生产 ◆员工未真正参与到过程中
库存的浪费	◆工序能力欠缺 ◆供应商能力欠缺 ◆换装、换线、换模时间长 ◆部门（局部）优化 ◆预测系统、预计数据不准确
过多处理的浪费	◆没有过程控制的工艺变更 ◆新技术的利用不当 ◆由不适当级别的人做决定 ◆无效的政策和程序
过量生产的浪费	◆生产现场缺乏沟通 ◆部门（局部）最优化 ◆在不适当的地方自动化 ◆生产计划不合理，计划产量偏大 ◆部分管理人员仅关注产量，而忽视质量等 ◆仅关注销售预测而不是客户的需求

9.1.3 消除浪费的方法

消除生产浪费的基本方法包括车间布局优化、看板管理、动作的改善及作业的标准化等。班组长需了解这些方法，以便在工作中加以运用。消除浪费的方法见表 9—3。

表 9—3 消除浪费的方法汇总表

现场 7 大浪费	消除方法
等待的浪费	◆均衡化生产 ◆按产品布置 ◆失误预防装置 ◆缩短模具的更换时间
搬运的浪费	◆U 字形设备布置 ◆流水生产 ◆多功能化 ◆临时作业
不良的浪费	◆自动化、标准作业 ◆失误预防装置 ◆全数检查、定期检查 ◆根本原因查找改善
动作的浪费	◆挑战流水生产 ◆容器标准化、标准作业 ◆行为改善的原则 ◆作业意识教育
库存的浪费	◆对库存意识的革命 ◆U 字形设备布置 ◆平准化生产、看板管理 ◆准备交替时间的单一化
过多处理的浪费	◆简化审批手续 ◆去除无效程序 ◆彻底进行标准作业

续表

现场7大浪费	消除方法
过多生产的浪费	◆后续工程接受方式 ◆利用看板 ◆准备交替时间的单一化 ◆少人化 ◆平准化生产

9.1.4　消除浪费的程序

在了解浪费产生的原因和消除浪费的方法之后，班组长需对实际现场的浪费进行消除，消除浪费的具体程序如下所示。

1. 静观现场

静观现场是消除浪费的基础和前提，只有通过现场观察，才能够确认现场发生的各种浪费。

（1）静观现场的“三现”原则。班组长可根据“三现”原则进行实际现场的观察活动。“三现”原则是指到现场、看现状、掌握现状，即去现场看现状而判定事实。班组长可通过观察现场，梳理现场的工艺流程，发现浪费。

（2）静观现场的实施步骤。静观现场是消除浪费活动的第一步，它又可以按照总体状况对员工行为、物品流动顺序来进行观察，其具体的步骤见表9—4。

表9—4　　　　静观现场的实施步骤

步骤	具体说明	步骤要点
观察现场总体状况	对现场展示出来的静态状况进行观察，侧重于对现场“是什么样子”进行判断	◆进行总体状况的观察可以按生产工艺流程顺序观察现场中的状况
观察员工行为	观察员工的行为，主要是为了判断员工在现场所从事的工作是否为作业浪费	◆不创造价值也不必要的作业为浪费 ◆必要作业，但是不创造附加价值为浪费 ◆区分三种附加价值作业

续表

步骤	具体说明	步骤要点
观察物品流动顺序	在观察过程中，应观察需要进行再处理物品的处理流程、物品搬运的方式及是否存在遗漏的情况	◆再处理产品发生原因 ◆“之”字形搬运 ◆大量遗漏还是单个遗漏
现场观察发现异常	通过现场观察发现生产过程中的异常现象，具体可以从实际情况、标准作业等进行考虑	◆工序问题实际情况 ◆与标准作业比较 ◆是否遵循先入先出 ◆是否存在瞬间停止
判断是否为满足客户需求的作业时间	可以从SPH、剩余作业、不良品处理等方面衡量作业时间是否满足客户需求	◆SPH管理板 ◆进行控制 ◆剩余作业 ◆工序内标准再修 ◆不良品处理 ◆防呆处理

2. 发现浪费

要消除浪费首先需要发现和识别存在的浪费。班组长可以通过现场观察，同时再采取某些方法就能找出生产存在的浪费，在发现浪费的过程中，最常使用的方法包括4W1H法、4M法、PQCDSM法等，具体如图9—1所示。

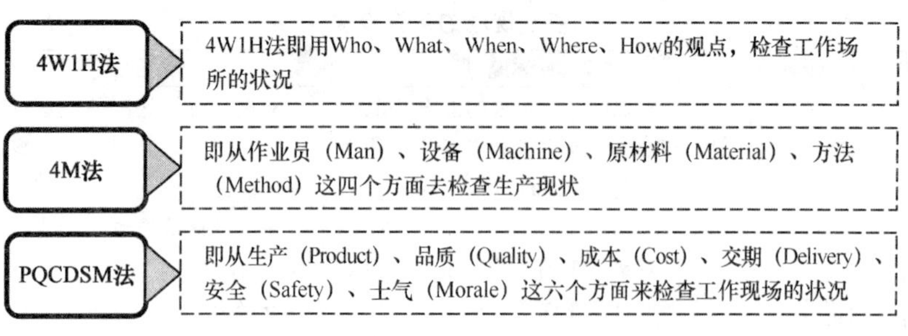

图9—1　发现浪费的方法

3. 分析浪费产生的原因

对于现场发现的浪费，班组长可以在遵循三现原则的基础上，运用 5Why 分析法或 4W1H 分析法通过多次的提问，有针对性地分析浪费形成的原因，找出产生浪费的根本问题。

（1）5Why 分析法。5Why 分析法也称“5 个为什么分析法”或“为什么—为什么分析法”，是以层层递进的形式，注重从事实、根本的角度进行原因探索，从现象到根源对问题进行剖析，直到找出问题发生的根本原因。从而采取有效的改善措施，消除浪费。5Why 分析法的原理如图 9—2 所示。

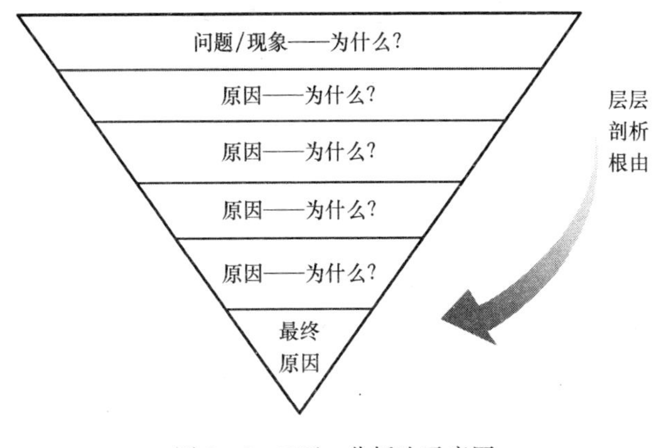

图 9—2　5Why 分析法示意图

（2）4W1H 分析法。针对这些浪费，还可以使用 4W1H 分析法对浪费进行分析，把握造成浪费的原因，4W1H 分析法的具体说明如图 9—3 所示。

4. 提出并实践优秀的想法

（1）实践思路。对于班组长来说，仅能发现浪费是远远不够的，还应制定能消除浪费的具体方法，并立即组织实施，具体的实践思路如图 9—4 所示。

（2）实践思路的具体说明。在改善实践思路中，用起承转合的思维方式消除企业浪费实践的具体说明如图 9—5 所示。

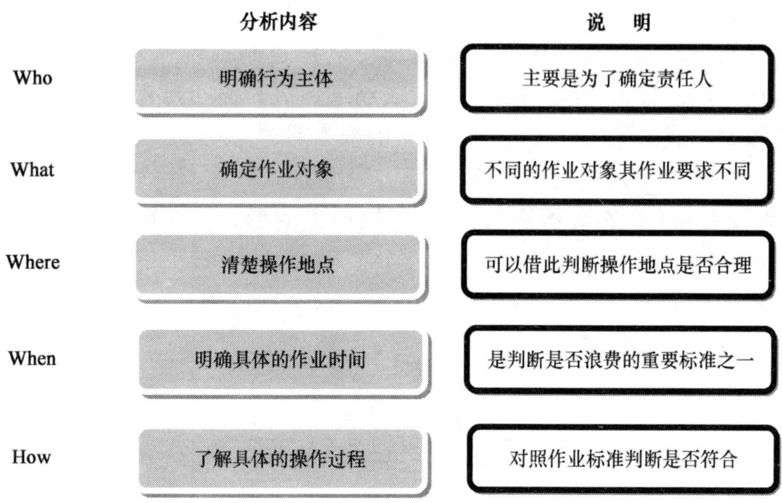

图 9—3　4W1H 分析法说明

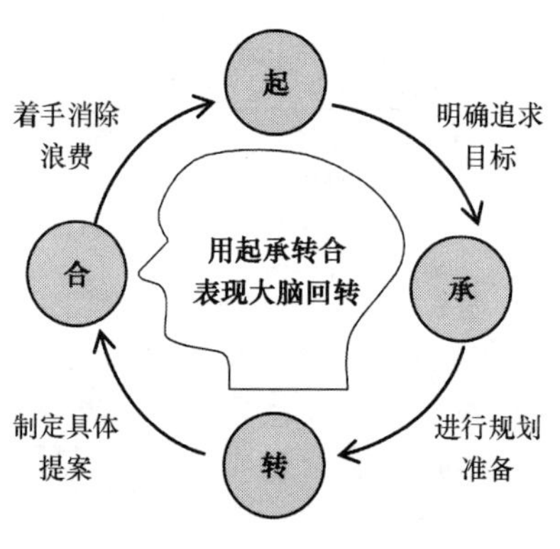

图 9—4　改善实践思路

5. 选择最有效方法

(1) 选择最有效方法的过程。班组长需在实践过的改善方法中选择最有效的方法来清除浪费，并将其设定为标准方法，其设定的过程具体见表 9—5。

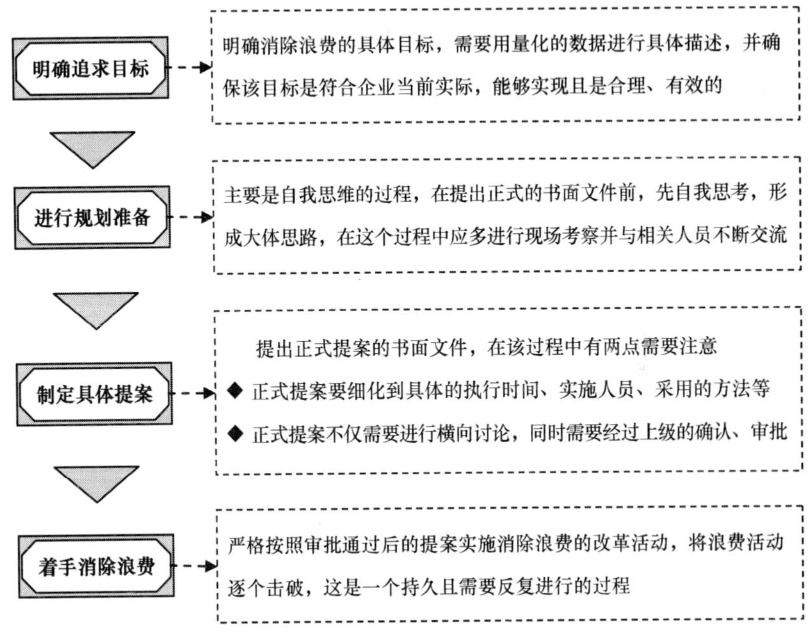

图 9—5　实践思路的具体说明

表 9—5　　　　选择最有效方法的过程

过程	具体说明
形成标准	制作标准作业表、标准作业对照表
管理监督者亲自尝试	亲自实践
让员工尝试	目的是让员工接受，而且愿意使用
改进不合理之处	员工最清楚不合理处

（2）选择最有效方法的原则

班组长在选择消除浪费的方法时，可以把握如图 9—6 所示的五项原则。

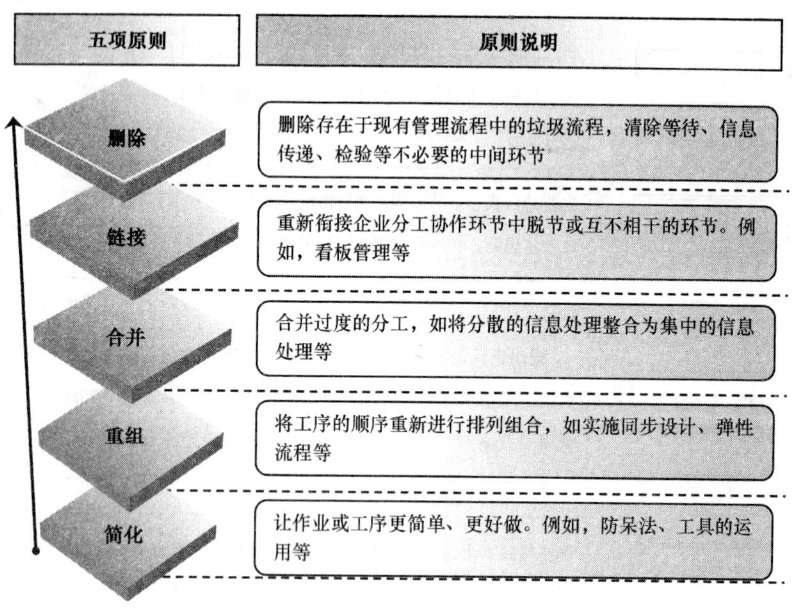

图 9—6　消除浪费的五项原则

6. 反思浪费消除的结果

班组长组织执行浪费消除活动后，对所有的执行结果应进行反思，并在现场收集作业人员的意见，确认浪费消除活动是否满足便利性要求，浪费现象是否得到了改善。

执行浪费消除活动的结果有两种，其具体内容及相应措施如图 9—7 所示。

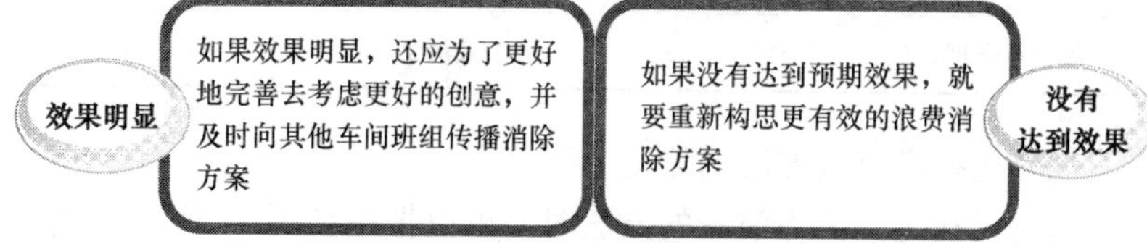

图 9—7　消除浪费活动的两种结果及应对措施

9.2　节约就是利润

9.2.1　节约是一种习惯

1. 成本节约的作用

班组长在成本管理中需控制成本、节约成本，节约使用生产所需的人、财、物，从而提高企业的经济效益，其成本节约的作用如图 9—8 所示。

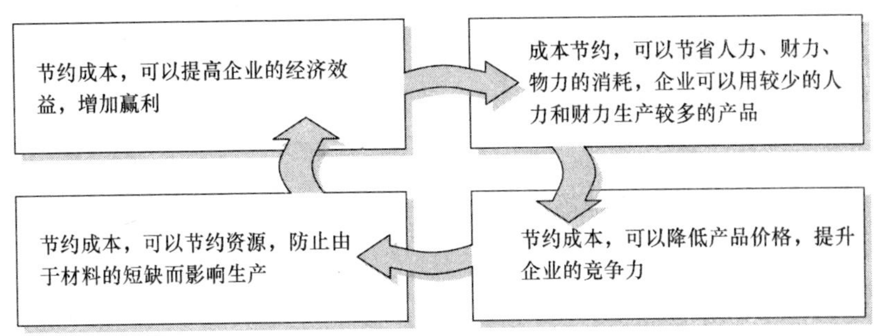

图 9—8　成本节约的作用

2. 形成节约习惯的关键

形成节约生产成本习惯的关键是要明确成本节约的责任，不要空喊口号，要采取具体的措施，其具体的关键点见表 9—6。

表 9—6　　形成节约习惯的关键

关键点	具体说明
要明确成本节约的责任	◆现场管理者要区分现场各班组之间的成本节约责任，明确各班组的节约目标，并将节约状况用图表的方式展示出来，以增加各班组长的责任感
不要空喊口号，要实施具体的方案	◆现场管理者不要盲目地发号施令，而要依据 5W1H 原则发出具体的、符合公司规定的指令 ◆5W1H 是指 Who（谁）、When（何时）、Where（何地）、What（什么）、Why（为什么）、How（如何）

续表

关键点	具体说明
要用基本单位来衡量	◆标出每个产品、每小时等基本单位的成本趋势表，展示详细内容，衡量各个班组成本节约的程度，使班组长及作业人员时刻都养成节约的习惯
要标注货币的价值	◆在成本趋势表中要先标注产品名称，然后分析产品的售价、原材料价格、买入价的相关关系，并换算成成本金额，使其内容得以明示
要珍惜所有人的智慧和想法	◆为了吸引全员参与节约活动，现场管理者要设定管理组织、建立提案制度、开展品管圈、组织各种参观和展览活动，以进一步强化作业人员的节俭意识

3. 常见节约成本的行为

企业生产作业现场经常发生浪费即不利于节约成本的事情，班组长需对不利于成本节约的行为进行整改，对有利于节约的行为进行鼓励，以便使作业人员养成成本节约的习惯。常见的不利于和有利于成本节约的行为如下。

（1）对节约成本不利的行为。班组长需避免发生对节约成本不利的行为，对于出现这样的行为也应尽量地减少和消除其造成的不利影响，减少和消除对节约成本不利行为的具体办法见表 9—7。

表 9—7　　减少和消除对节约成本不利行为的具体办法

项目	具体办法
物资检验	◆检查是否需要重复检验 ◆对检验标准（如质量要求、规格数据）进行检查 ◆对检验场所、检验环境等进行检查 ◆对检验方法、检验人员、检验设备等进行检讨
物资搬运	◆减少搬运，实现保管和搬运的一体化 ◆对往返式搬运、混合搬运及存放效率等进行检查 ◆对搬运设施（传送带、升降机、无人驾驶运输车等）进行检查 ◆检讨定时运输的可能性 ◆消除专门的搬运作业岗位 ◆通过改善物品摆放、布局等消除不必要的搬运动作

续表

项目	具体办法
其他	◆实现计量、判定、调整等作业的自动化，防止失误操作发生 ◆准备作业过程的标准化 ◆减少准备次数，缩短准备时间 ◆做好车间通道和道路的维护工作

（2）对节约成本有利的行为。班组长需自身养成节约成本的习惯，并鼓励作业人员多做节约成本的事情，常见的节约成本的行为如图 9—9 所示。

设备工具管理	◆充分维护设备、工装夹具、工具等，确保可以随时使用 ◆工装夹具、工具数量要能充分满足作业的最大效能 ◆搬运用的容器大小、形状、存放方式等能有效预防事故发生 ◆寻找设备瞬间停止的原因，并制定对策进行改善 ◆避免叠放产品、零件、工装夹具、工具、模板等引发不必要的动作
作业动作管理	◆有效利用双手和双脚作业 ◆消除不必要的操作 ◆为了减少动作，使用工装夹具、工具等 ◆动作要有节奏 ◆搬运时，有效利用空气及重力 ◆作业台的高度调整到适合作业人员的高度 ◆最大限度地使用作业台
工作协调	◆提高协作能力，确保员工有效合作，及时调整工序的负荷 ◆把下一道工序看做是顾客，以方便下一道工序作业的方式而传递产品 ◆有效利用各工序及现场的多余产能
综合改善	◆经常研究提高效率的方法 ◆对异常工序进行调查、改善

图 9—9 常见的节约成本的行为

9.2.2 员工成本意识的养成

成本意识是指员工能自觉地将生产经营活动与成本费用、收益进行挂钩考虑的习惯，并能准确地判定成本效率和提高成本效率的能力。

企业需提高全员的成本意识，班组长需以身作则，带动全班组人员提高成本意识，提高员工成本意识的办法如下。

1. 设定目标落实责任

企业可结合全面预算管理设定班组成本管理的目标，并将班组节约的成本与效益挂钩，具体说明见表9—8。

表9—8 设定目标和落实责任的具体说明

工作内容	具体说明
设定目标	◆结合全面预算管理，通过生产工艺和产品结构的分析确定产品的成本 ◆将产品成本和利润分别确定在单个品种上，然后建立起与班组成本管理有关的成本费用指标和考核分析管理办法
目标分解	◆将目标成本分别按各成本项目或费用项目进行层层分解，落实到每个班组和个人，实现归口分级管理 ◆这样就把成本的责任落实到了每个人，让人人都关心成本，人人都参与成本的管理
落实责任	◆将班组作为成本责任单位，视为利润中心 ◆在其成本目标范围内，把目标承包给各个班组，并且将目标和班组的绩效挂钩，使其为企业节约成本，创造利润

2. 确定养成成本意识的方向

设定班组成本管理的目标之后，需确认养成成本意识具体的行动方向和内容。班组长及作业人员通过生产安排、人员配置、设备管理、质量管理、现场管理、材料加工、残料处理、员工操作等方面的行动来形成成本意识。

形成成本意识的方向和具体内容如图9—10所示。

3. 建立监督机制

通过建立审计、巡查等监督机制，使班组长及员工的这种作业标准法制化，长久后能重塑他们的行为，让标准化操作，变成一种习惯性动作，从而形成成本意识，形成节约型的企业文化。具体的监督机制见表9—9。

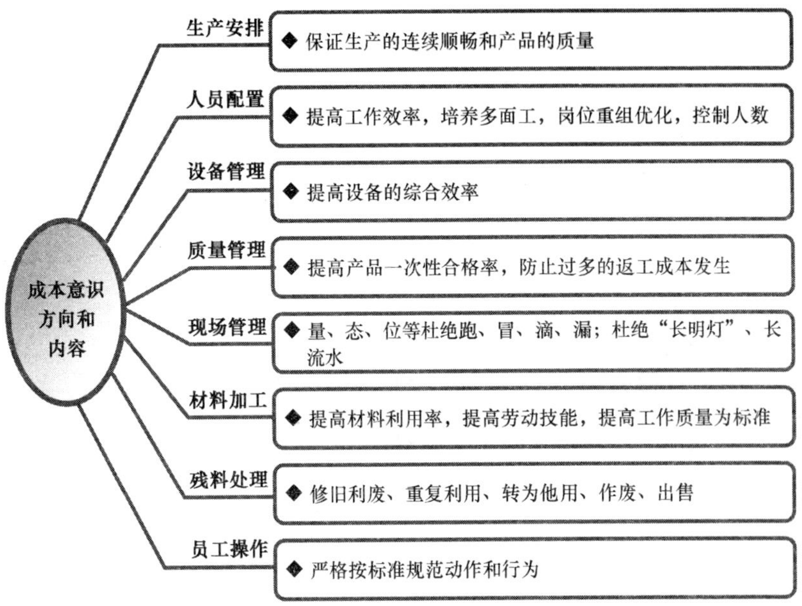

图 9—10 形成成本意识的方向及内容

表 9—9　　监督机制的说明

监督机制	具体说明
建立审计监督制度	◆在成本控制过程中，企业可依托审计开展对生产费用发生、归属、分配、成本计划与定额的执行情况等进行检查，使各车间班组长严格地进行成本控制 ◆班组长需组织人员配合审计人员进行此项检查，杜绝浪费行为的产生
实行日或周汇报	◆实行日或周的汇报，成本管理人员编制报表，及时跟踪成本目标完成情况，及时调整措施，进行事前和事中的管理，来保证成本目标的实现
自主巡检与监督巡检	◆把自主巡检、监督巡检列入日常工作计划，同时进行，让标准能真实地、及时地、持续地、有效地运行 ◆让它能真正起到指导现场工作的作用，避免规定一套、实际操作一套的现象发生，能及时发现异常情况，并追究班组和直接责任人的责任

4. 绩效管理

保证成本控制的成果和工资收入密切结合，不断加强产品成本预算的控制力和执行力，是提高成本意识的长效机制，具体的薪酬管理办法如下。

（1）把薪酬中的变动部分和指标完成情况相结合，加大考核力度。

（2）把监督过程中发现的问题用量化考核的方式和收入挂钩。

9.2.3 员工节约意识的养成

节约意识是指节约成本与控制成本的观念，节约意识包括注意控制成本，努力使成本降低到最低水平并设法使其保持在最低水平。

企业可通过培训教育、激励机制、建立节约型企业文化等方法来培养班组长及作业人员的节约意识，具体说明如图 9—11 所示。

图 9—11 培养员工节约意识的方法

9.3　成本浪费与节约实务

9.3.1　生产浪费改善案例

班组长可有效地运用消除浪费的方法，通过工具设备、人员、物料、作业方法以及环境等各方面对生产现场存在的浪费进行改善，下面列举生产浪费改善的实例予以说明。

<table>
<tr><td rowspan="2">文案名称</td><td rowspan="2">××工厂有效使用道具改善浪费</td><td>编　号</td><td></td></tr>
<tr><td>执行部门</td><td></td></tr>
<tr><td colspan="4">一、发现浪费点
1. 三现原则：去现场、看现货、掌握现状。
2. 对作业的反问：问该作业是什么（What）。
3. 追问技能：问为什么做该作业（Why）。
4. 除了本技能以外形成的作业全部是浪费。
5. 对每一个浪费作业重复运用5Why法，发现真正的浪费。
二、生产现场浪费改善切入点
1. 容易寻找：标志牌、箭头、指示灯、位置标志、颜色区分、看板等。
2. 更近：吊挂，高度大致为成年人的腰部高度。
3. 容易拿：比较浅的保管箱，缩小动作距离。
4. 能使用：防止碰撞，防锈。
5. 必要的量：先入先出，标志最大最小量。
6. 安全：通道标注线、突出部分软垫、安全通道标志。
7. 移动方便：去除障碍物、设置阶梯。
8. 好看：同样的形状一起保管，简洁的喷漆。
9. 整齐：整列、平行、直角。
10. 容易放置：缩短距离、零部件堆放台、滑行架、活用推车。
三、减少、改善库存
（一）不可使用零件，在制品要可视化，恶性库存可视化
1. 按区组分类，设置不用物品堆积仓库。
2. 展示生产现场整体恶性库存。</td></tr>
</table>

续表

<table>
<tr><td>文案名称</td><td colspan="3">××工厂有效使用道具改善浪费</td><td>编　　号</td><td></td></tr>
<tr><td></td><td colspan="3"></td><td>执行部门</td><td></td></tr>
<tr><td colspan="6">（二）制定活动方案对策和预防再发对策
1. 举行不用物品处理对策会议、结算会议。
2. 每月举行恶性库存处理对策会议。
（三）改善材料、在制品管理过程
1. 生产所需的大量、重要材料的管理。
2. 订货点管理。
3. 生产计划变更管理。
（四）缩短间断时间、交付时间
1. 缩短入库交付时间。
2. 缩短生产交付时间。
3. 缩短搬运交付时间。</td></tr>
<tr><td>编制人员</td><td></td><td>审核人员</td><td></td><td>批准人员</td><td></td></tr>
<tr><td>编制日期</td><td></td><td>审核日期</td><td></td><td>批准日期</td><td></td></tr>
</table>

9.3.2　成本节约活动方案

<table>
<tr><td>方案名称</td><td>成本节约活动方案</td><td>编　　号</td><td></td></tr>
<tr><td></td><td></td><td>执行部门</td><td></td></tr>
<tr><td colspan="4">一、目的
为了有针对性地控制生产成本，开展节约活动，有效减少浪费，提高公司产品的利润，特制定本方案。
二、适用范围
本方案适用于公司现场7大浪费的控制。
三、成本节约措施
公司是在针对浪费分析生产现场成本构成的基础上，找出存在的原因，从而制定出具有针对性的节约措施，以便开展节约活动。具体的节约措施见下表。</td></tr>
</table>

续表

方案名称	成本节约活动方案	编　　号	
		执行部门	

成本节约措施

现场7大浪费	节约措施
过多生产的浪费	◆根据生产目标和任务合理安排生产 ◆应将生产总体计划按车间、班组分解成本作业计划和任务 ◆将生产任务落实到各责任岗位
库存的浪费	◆实现快速换模、小批量生产 ◆建立库存管理信息系统，提高库存预测与管理的水平 ◆减少物料、零部件、在制品及产成品的堆积，提高存货周转率
搬运的浪费	◆启用流水生产线 ◆改善工厂的布局、工作场地的环境 ◆运用台车、输送带等自动化工具进行搬运 ◆告知作业人员将必要的工具、物料放置于最合适的地方
不良生产的浪费	◆改变生产现场的管理方式 ◆提高作业人员的操作技能 ◆改善生产线的制程能力 ◆严格按规定的操作程序合理、规范地使用各种机器设备
加工的浪费	◆诊断作业生产线，减少不必要的作业工序 ◆与客户保持沟通，密切关注其需要的质量水平与标准 ◆提高各道工序的作业技能与设备的利用率
动作的浪费	◆充分考虑动作经济原则，彻底地改正工作方法 ◆尽可能地简化、合并各种动作 ◆动作设计必须具有生产性、实用性、节奏性 ◆动作力求简单、舒适
等待的浪费	◆实现作业自动化 ◆提高物料及时供应的能力 ◆协调好上下工序，提高协作衔接能力

续表

<table>
<tr><td rowspan="2">方案名称</td><td rowspan="2" colspan="3">成本节约活动方案</td><td>编　　号</td><td></td></tr>
<tr><td>执行部门</td><td></td></tr>
<tr><td colspan="6">

四、成本节约活动的实施程序

1. 成立领导小组

为了更好地落实成本节约的工作目标，成立成本节约小组。

（1）成本节约小组由成本管理员、生产部经理、车间主任、班组长组成。

（2）成本节约小组负责推进检查落实成本节约工作的开展情况，领导班组长及作业人员开展成本节约活动，对成本节约活动进行具体指导监督。

（3）成本节约小组负责检查日常节约管理，从节省人力、物料、设备等方面开展检查，督促各班组每月上报各方面消耗情况。

2. 制订成本节约计划

（1）成本节约小组为了使生产节约工作真正落到实处，根据成本节约的日常管理要求，制订生产节约计划，使成本节约工作具体化，增加可操作性。

（2）成本节约计划的具体内容包括成本节约的宣传方式、具体的节约措施、责任人员等。

3. 加强宣传教育

成本节约小组通过宣传教育的方式来加强员工的成本节约意识，具体的教育办法如下。

（1）成本节约小组认真组织班组长及作业人员学习成本节约管理办法等文件。

（2）在实施成本节约计划前召开一次专题会议，张贴成本节约警示语，发放成本节约倡议书。

（3）在实施成本节约计划前办一期生产节约教育宣传黑板报。

4. 实施成本节约计划

各相关人员需根据成本节约计划进行实施。

（1）成本节约小组需落实成本节约责任制，明确各班组长为专门的负责人员，班组长负责班组内成本节约的日常管理。

（2）班组长需组织作业人员根据针对生产现场浪费制定的节约措施，开展生产成本节约活动，降低产品成本，提高企业的利润。

（3）成本节约活动实施一段时间之后，成本节约小组对生产作业单位进行全面检查，落实成本节约主体的责任，确保成本节约工作全面开展。

（4）成本节约小组加强生产节约工作日常巡查，定期检查生产车间的成本节约情况。

5. 问题整改

（1）成本节约小组发现不符合节约原则的现象及时进行整改，推动公司成本节约工作的深入开展。

（2）班组长对提出的不符合节约原则的现象进行整改，确保该现象不再发生。

</td></tr>
<tr><td>编制人员</td><td></td><td>审核人员</td><td></td><td>批准人员</td><td></td></tr>
<tr><td>编制日期</td><td></td><td>审核日期</td><td></td><td>批准日期</td><td></td></tr>
</table>